Basilius Senger OSB

St. Benedikt

Leben, Bedeutung, Sendung, Auftrag

Beuroner Kunstverlag

Verbesserte und aktualisierte Auflage

Impressum

St. Benedikt
Leben, Bedeutung, Sendung, Auftrag

7. Auflage 2010
Gestaltung: Präsenz Medien, Gnadenthal
Herstellung: Beuroner Kunstverlag, D-88631 Beuron
info@beuroner-kunstverlag.de · www.klosterkunst.de
Druckerei: CPI-Ebner & Spiegel GmbH, Ulm

ISBN 978-3-87071-218-1

Inhaltsübersicht

Vorwort

Vielen fällt es heutzutage schwer, Verständnis für klösterliche Lebensformen aufzubringen. Andererseits fehlen den Klöstern nach wie vor niemals Gäste und Pilger, Suchende und Fragende – und die große Zahl von Freunden. Dürfen die Ordensleute diesen die Antwort und das Zeugnis ihres Weges mit Gott und für die Menschen schuldig bleiben?

Die Klöster bestehen nicht um ihrer selbst willen; die Lebensformen der Mönche haben keinen Selbstzweck. Auf ihre Sinnmitte kann mit den Worten aus dem eucharistischen Hochgebet hingewiesen werden: »Wir danken dir, dass du uns berufen hast, vor dir zu stehen und dir zu dienen«. Gott ruft und führt auch in diese Form der Nachfolge des Herrn, wo Gottesdienst und Bruderdienst in besonders deutlicher Weise eine Einheit bilden sollen. Das Kloster kann als ein Modell der Gemeinde Jesu angesehen werden.

Benedikt erwartet vom Mönch, dass er sein Leben lang Gottsucher sei. Muss die benediktinische Gemeinschaft nicht auch eine Hilfe sein für die Glaubensstärkung der Brüder? Wie viele sind auf der Suche nach Orientierung, nach Leitbildern, nach Grundwerten, nach Grundhaltungen, nach Sinndeutungen?

Benedikt von Nursia, der Vater des abendländischen Mönchtums, ist um das Jahr 480 geboren worden. Der 21. März 547 gilt als sein Sterbetag. Die nach ihm benannte

Regel ist bis zur Stunde in vielen Männer- und Frauenklöstern die Wegweisung, »unter der Führung des Evangeliums« (Regel, Prolog) christliches Mönchsleben zu verwirklichen. Den Gästen der Klöster das Büchlein der Regel allein einfach in die Hand zu geben, wird meistens wenig hilfreich sein. Nur die Geschichte der Klöster zu erzählen, reicht nicht aus. Da will die vorliegende kleine Schrift in aller Kürze auf Benedikt und seinen Lebensgang hinweisen, die Bedeutung und Spiritualität der Regel erschließen helfen, ihren Weg durch die Geschichte beschreiben sowie ihre Sendung und ihren Auftrag für heute begründen. Eine Statistik weist auf die Verbreitung der benediktinischen Klöster in aller Welt hin. Am Schluss werden die Klöster im deutschen Sprachgebiet namentlich mit ihren Anschriften aufgeführt. Ausführliche Hinweise auf Quellen und Literatur bieten eine Hilfe für die weitere Beschäftigung mit unserem Thema; sie erweisen zugleich, wie gründlich man sich bis zur Stunde mit Benedikt, mit seiner Regel und mit benediktinischer Spiritualität und Geschichte beschäftigt, und wie vielfältig und aktuell ihre Wirkungen geblieben sind.

Abtei Gerleve / Westfalen

P. Basilius Senger OSB
† 22. März 1990

Benedikts Lebensgang

Der heilige Benedikt gehört zu den großen Heiligen der Kirche und zu den bedeutenden Männern der Geschichte. Seinen Namen Benedictus deutet bereits Papst Gregor der Große († 604): Er ist »der Gesegnete dem Namen und der Gnade nach«; er wird der Patriarch ungezählter Mönche, »der Vater Europas«, vieler Völker und vieler Menschen.

Der »Lebenslauf« Benedikts aber ist mit genauen Daten und Tatsachen historisch kaum fassbar. Die allgemeine Zeitgeschichte bringt wenig Licht für seinen Lebensgang. Glücklicherweise berichtet Papst Gregor der Große in seinen Dialogen ausführlicher über den Mönchsvater (vgl. dazu den nächsten Abschnitt). Wenn wir die Aufzeichnungen Gregors zu Hilfe nehmen, ergibt sich etwa folgendes Bild:

Um 480 in Nursia (Norcia) geboren, von seinen Eltern zum Studium nach Rom geschickt, verlässt Benedikt auf den Ruf Gottes hin die Weltstadt, um »für Gott frei« zu sein. Er wählt den Weg der Nachfolge Christi im Mönchsstand. Zunächst lebt er drei Jahre in der Abgeschiedenheit von Subiaco. Es ist seine große Lehrzeit. Als Einsiedler wächst er zu solcher Reife, dass er von anderen Mönchen gebeten wird, ihnen Vater (Abt) zu sein. Inzwischen hatte er auch aus den Schriften des heiligen Basilius († 379) gelernt, der Lebensform der Einsiedler sei das Gemeinschaftsleben vorzuziehen, weil eine Klosterfamilie die Verwirklichung der

Kirche im Kleinen ist. In dieser Einsicht und in der Bitte der Mitbrüder erkennt Benedikt wieder den Ruf Gottes; er gibt seine Einsiedelei auf und öffnet sich für die Anliegen der Brüder. In Zukunft werden sich um Benedikt und seine Klöster immer und überall die Menschen sammeln. Er selbst wird zum Lehrmeister nicht nur des mönchischen, sondern auch ganz allgemein des christlichen Lebens.

Man darf annehmen, dass Benedikts erster Versuch der Leitung einer Mönchsgemeinschaft in Vicovaro mit der Erfahrung endet: gemeinsames Mönchsleben braucht eine feste Regel. Ein Neubeginn in Subiaco führt zur Entfaltung einer ganzen Gruppe kleiner blühender Mönchsgemeinschaften. Doch wird Benedikt mit seinen Mönchen hier von Neid und Missgunst so verfolgt, dass er um das Jahr 529 nach Montecassino zieht, einem zwischen Rom und Neapel gelegenen Berg. Hier krönt er sein Lebenswerk mit dem Aufbau einer umfassenden Klosteranlage und mit der Vollendung der Klosterregel. Das Bergkloster Montecassino und »die heilige Regel« sollten für die Geschichte und für viele Menschen ein Symbol werden; davon ging eine weltgestaltende Wirkung aus.

Während man sich in diesen wirren Zeiten in Kirche und Welt zerstritt und, von Weltuntergangsstimmung bedrückt, keinen Ausweg in eine hoffnungsvolle Zukunft fand, leistete der »weltflüchtige« Mönchsvater in aller Stille und mit unbeirrbarem Fleiß eine viel bewunderte und oft gerühmte Aufbauarbeit. Er baute in einer durcheinander geratenen Welt an seiner Gemeinschaft und versuchte, in ihr dem Frieden Christi Raum zu geben. Man hat ihn mit dem Ehrentitel »der Bauende« ausgezeichnet; und damit ist auch die Auswirkung seines Lebenswerkes durch die Jahrhunderte gekennzeichnet. »Arbeite weiter und sei nicht traurig«, sagte er tröstend einem Goten unter seinen Mönchen, der über den Verlust eines Werkzeugs betrübt war. So ging er selbst ans Werk als Mann des Gebets und der Arbeit, und so lehrte er seine Mönche und die Jahrhunderte (Ora et Labora!). Von prophetischem Geist erfüllt, tat er das Nächstliegende; er redete und diskutierte nicht viel, er liebte das Schweigen und die Tat und das Gebet. In Montecassino leistete Benedikt eine Aufbauarbeit, die zum Modell für ungezählte Klöster wurde. Neben dem Aufbau der Klosteranlage vollendete er die Regel, die ein bleibendes Zeugnis der Weisheit und Frömmigkeit des Verfassers ist, »hervorragend durch weise Maßhaltung und lichtvoll in der Sprache« (Gregor d. Gr.). Ihrer Vorschrift gemäß leben die Mönche in der brüderlichen Gemeinschaft, unter dem Abt, betend und arbeitend, täglich von neuem den »vollkommenen Mönchswandel« anstrebend. Diese Verbindung von beschaulichem und tätigem Leben ist dem abendländischen Menschen angepasst. Als Führer zu Gott predigte Benedikt auch dem Volk das Wort Gottes, übte Gastfreundschaft und pflegte die lebendige Verbindung mit der nahen Umwelt und dem gesamten kirchlichen Leben. Mit seinen Mönchen wollte er eine »Schule des Herrendienstes« und eine

»brüderliche Kampfgemeinschaft« des »Kriegsdienstes für den Herrn Christus, den wahren König«, bilden. Der Geist der Regel bezeugt das Heiligkeitsideal Benedikts: Von der Grundkraft der Liebe getrieben und von der Ehrfurcht vor dem allgegenwärtigen heiligen Gott gedrängt, im Geist der Demut und des Gehorsams, führt der Mönch in der Gemeinschaft der Brüder ein Leben des Gebetes und der Arbeit. Der Abt stellt das Vaterbild des guten Hirten dar. Alle bilden die eine Bruderschaft in Christus, und alles ist vom Geist der Tugend des Maßes und der Unterscheidungsgabe getragen.

Am 21. März 547 vollendete sich das Leben des heiligen Benedikt. »Er ließ sich in die Kirche tragen, und die schwachen Glieder auf die Hände seiner Jünger gestützt, stand er da – die Hände zum Himmel erhoben – und hauchte unter Gebetsworten seinen Geist aus« (Gregor d. Gr.).

Das Todesjahr Benedikts ist allerdings umstritten. Eugène Manning legt beachtliche Argumente für eine spätere Datierung vor. Er möchte es bis gegen 575 hinausschieben, so dass wohl auch das Geburtsjahr neu zu ermitteln wäre und jedenfalls nach 490 liegen müsste.

Die Benediktiner feiern den seligen Heimgang des heiligen Benedikt am 21. März. Die Kirche begeht das Fest »Benedikt Vater des abendländischen Mönchtums und Schutzpatron Europas« am 11. Juli.

Benedikt und seine Regel

Kein Werk des altchristlichen Schrifttums ist in so zahlreichen Handschriften vertreten wie die Regel Benedikts, die Bibel selbstverständlich ausgenommen. Bei den Konzilien des Mittelalters lag sie neben dem Evangelium auf dem Altar. Wer Benedikt, seine Größe und seine Bedeutung begreifen will, muss das eigenartige Verhältnis ins Auge fassen, welches Benedikt und die Regel zueinander haben. Schon dies ist in höchstem und kennzeichnendstem Maß aufschlussreich.

Man wusste natürlich längst, dass Benedikt – man nennt ihn den Vater der abendländischen Mönche – das christliche Mönchtum nicht erfunden, sondern vorgefunden hat. Es hieße unhistorische Maßstäbe anlegen, wollte man ihn einen »Ordensgründer« nennen. Es ist des näheren erforscht, wie er im Geist des Evangeliums und der Väterweisheit lebte. Wir werden den Wurzelboden und die Quellen, aus denen er schöpfte, noch näher betrachten. Benedikt war kein »Neuerer«; und man ist sich einig darüber, dass Benedikts Größe, Eigenart und Bedeutung nicht in einer außergewöhnlichen Originalität besteht. Immerhin galt bis in die hohen dreißiger Jahre dieses Jahrhunderts unbestritten: das Meisterwerk der Regel und ihre einzelnen Teile gehen auf seine persönliche Verfasserschaft zurück. Diese »Sicherheit« erschütterte 1938 der französische Benediktiner Augustin

Genestout mit der Behauptung, die eine noch andauernde wissenschaftliche Auseinandersetzung auslöste: Benedikt sei entscheidend abhängig von der sogenannten Magisterregel, die er zum Teil sogar exzerpiert habe. Diese anonym überlieferte und erst von Benedikt von Aniane († 821) Regula Magistri genannte Regel war bis dahin ins 7. Jahrhundert datiert worden; man meinte, sie sei von Benedikts Regel abhängig. Doch weist bereits der paläographische Befund eindeutig in das 6. Jahrhundert. Die wissenschaftliche Auseinandersetzung ließ alle Möglichkeiten der Abhängigkeit beider Dokumente durchspielen und zeigt heute die überwiegende Tendenz, entweder der Magisterregel die zeitliche Priorität zuzuerkennen oder eine gemeinsame Quelle für beide Regeln anzunehmen. Aber gerade die Weisen der Abhängigkeit und zugleich der Eigenständigkeit Benedikts im Verhältnis zum Magister lassen charakteristische Schlüsse auf die Persönlichkeit zu, deren Werk in der Wirkung auf die Geschichte eindeutig gesiegt hat. Die Regel Benedikts wurde die Mönchsregel des Abendlandes, weil ihr Autor – worin die neuen Vergleichsmaßstäbe eindeutig die früheren Erkenntnisse bestätigen – der weisere Praktiker ist, welcher offensichtlich über eine reichere Erfahrung verfügt und den Menschen mit seinen Möglichkeiten zum gemeinsamen Leben wirklichkeitsgerechter einzuschätzen weiß.

Wie bereits erwähnt, fehlen zeitgenössische Quellen für Benedikts Leben. Er scheint nicht aus dem begrenzten Bereich seines Klosterlebens herausgetreten zu sein. Auch der

Horizont der Zeitgeschichte gibt zur Erhellung des Dunkels nicht viel her. Benedikt muss in Rom die steinernen Zeugen des christlichen Sieges gesehen haben. Er bemerkte zugleich aber auch den politischen Verfall: die Verlegung der kaiserlichen Residenz nach Konstantinopel hatte Rom zu einer Provinzstadt herabsinken lassen; nachdem nacheinander die germanischen Westgoten, Vandalen, Alanen, Heruler und die Hunnen Italien überrollt hatten, war zwar seit 493 mit dem Regiment der Ostgoten eine relative Beruhigung eingetreten, aber es blieb die Fremdherrschaft. Vor allem muss Benedikt die kirchliche Lage in Rom bedrückt haben: man weiß von beklagenswerten Missständen; die zwiespältige Papstwahl des Jahres 498 brachte zusätzliche Streitigkeiten.

Knapp ein halbes Jahrhundert nach Benedikt findet der Mönchspatriarch seinen ersten »Biographen«. Es ist kein geringerer als Papst Gregor der Große, der zwischen Juli 593 und Oktober 594 die vier Bücher *Dialoge* schrieb, in welchen er vor allem über italische Heilige berichtet, wobei er das ganze zweite Buch den Wundern und dem Lebensgang des »Gottesmannes Benedikt« widmet. Die Probleme, welche die Dialoge Gregors stellen, sind oft diskutiert worden. Niemand wird in dieser »Vita« ein historisches Lebensbild Benedikts oder sogar eine Biographie im modernen Sinn sehen. Der Verfasser folgt den literarischen Gesetzen seiner Zeit. Das Verstehen der Dialoge Gregors gelingt nur in der Frage nach der hagiographischen Grundstruktur, nicht unter dem Aspekt ihrer »geschichtlichen Zuverlässigkeit«. Gregor will das Prophetische an diesem »Gottesmann« seines Landes aufzeigen, der nicht weniger geisterfüllt gewesen sei als die Väter des Orients. Den vollendeten Heiligen, den verehrten Mönchsvater, den großen Gottesmann will Gregor vor Augen stellen, und das weithin im Gewand der Wundererzählungen. So soll nach der Absicht des Verfassers eine religiöse Idee, ein sittliches Programm aufleuchten; eine bestimmte Vorstellung vom Mönchsleben und vom Amt eines Abtes soll ihren anschaulichen Ausdruck finden. Gregor will den heiligen Benedikt als prophetischen Gottesmann ausweisen, der sich durch seine Wundertaten »mit dem Geist aller Gerechten erfüllt« zeigt. Walter Nigg geht das Problem der Dialoge Gregors so an: »Die Lebensgeschichte des Gottesmannes ist in lauter Wunder eingehüllt, weil er selbst eine der wunderbarsten Gestalten der abendländischen Christenheit war. Wer dem Mann von Nursia innerlich nahekommen will, der folge Gregors Gedankengängen. Seine Schilderung Benedikts als eines Heiligen ist die ihm entsprechende Literaturgattung, wenn sie auch der Geschichtsschreiber, der schlecht mit ihr arbeiten kann, als Nasenstüber empfindet.« (Vom Geheimnis der Mönche, Zürich-Stuttgart 1953, S. 151 ff.)

Für den äußeren Lebensgang Benedikts muss fast ausschließlich auf Gregor zurückgegriffen werden. Feste Daten sind schwer zu fixieren. Um das Jahr 480 wird Benedikt bei Nursia (heute Norcia in der Provinz Perugia) geboren worden sein. Sein Studienaufenthalt in Rom ist um das Jahr 500 zu datieren; er mag Grammatik, Beredsamkeit oder Recht studiert haben. Es kennzeichnet den zukünftigen Mönch, der später als Berufskriterium das »Gottsuchen« bezeichnet (Regel 58), dass Benedikt in dem dort üblichen leeren Treiben seiner Mitstudenten und inmitten der allgemeinen Gier nach Lebensgenuss seine »Bekehrung« erlebt. Er verließ die Studien nicht, weil sie ihm nicht zusagten, sondern weil dieser Lebensstil ihm nicht den erwünschten Rahmen für ein auf Gott ausgerichtetes Leben abgab. Er leistete einen echten Verzicht im Hinblick auf das Reich Gottes, weil er fürchtete, in diesem Rom seine Seele zu verlieren.

Aufschlussreicher als der weitere äußere Lebensgang ist die innere Entwicklung, die Benedikt in der Folge durchmacht. Gregor zeigt, auf welchem Weg der Heilige sich schrittweise von der gewöhnlichen Lebensweise löst und dann die verschiedenen Formen des monastischen Lebens durchläuft, um in allen seinen Stufen Erfahrungen zu sammeln und jeweils darüber hinauszuwachsen. Es ist noch weit bis zur Höhe von Montecassino. Über die freie Asketengemeinschaft von Enfide (Affile) flieht er in die Einsamkeit von Subiaco. In radikaler Strenge und Abgeschiedenheit lebt er drei Jahre nach dem Vorbild der orientalischen Einsiedler. In der Höhle von Subiaco erneuerte sich das Leben der Urväter des Mönchtums, eines Antonius, eines Paulus von Theben. Aus dieser Lehrzeit seelischen Wachstums reift seine innere Entwicklung einem entscheidenden

Wendepunkt entgegen. Indem er sich den Bitten anderer Mönche nicht verschließt, überwindet er die Lebensform der Einsiedler, wird zum Lehrmeister anderer und zum Vater der abendländischen Zönobiten, die in der Gemeinschaft ihr Gottsuchen verwirklichen wollen. Wie gesagt, von Basilius dem Großen hat er gelernt: Die Gemeinschaft des Klosters ist die Verwirklichung der Kirche im Kleinen; die soziale und auf Betätigung der Liebe angelegte Eigenart des Menschen und die Erfüllung christlichen Lebens fordern die Bruderschaft.

Im nahen Gebirge, die Tradition meint in Vicovaro, übernimmt Benedikt die Leitung einer Mönchsgemeinschaft, um dann durch sein Scheitern bei den eigenwilligen Mitbrüdern die für ihn neue Erfahrung zu machen: nicht nur Einsiedler sind in ihrem Alleinsein gefährdet, auch ganze Gemeinschaften können den Heilsweg verfehlen, wenn sie ohne Regel leben.

Benedikt geht nach Subiaco zurück und beginnt einen neuen Anfang mit der Übernahme der pachomianischen Lebensform: Er gliedert eine größere Schar von Mönchen auf und lässt jeweils eine Gruppe unter einem Vater leben, während er selbst die Gesamtleitung, die Einführung der jungen und die tiefere Schulung der besonders willigen Mönche wahrnimmt. Das ist die »Mönchsart«, für die er sich im ersten Kapitel seiner Regel entscheidet: »Zönobiten, die im Kloster leben und unter Regel und Abt dienen.« Deshalb wächst Benedikt auch über dieses an sich blühende Stadium von Subiaco hinaus. Sein Weg führt nach Montecassino, wo er das Leben nach der Art und Form seiner eigenen Regel mit ganz neuem Ansatz entfaltet. Wer Subiaco und Montecassino schon von der landschaftlichen Lage her vergleicht, kann sich kaum einen größeren Gegensatz vorstellen, sagt Salvatorelli: »Die enge ausgehöhlte Anioschlucht, die den Horizont der heiligen Höhle von Subiaco zuschnürt, und die geöffnete Weite des Panoramas von Montecassino. In diesem Kontrast spiegelt sich wunderbar deutlich die Wandlung des benediktinischen Lebensideals. Aus einer Lebensform, die noch mit den alten Askesevorstellungen und mit eremitischen Elementen, mit dem Einsiedlertum, zusammenhängt, wird der mächtige Aufbau einer klösterlichen Gemeinschaft in all ihrer menschlichen Weite.« (Benedikt, Hamburg 1937, S. 92) Hier hat Benedikt die Weite des Herzens erfahren, von der er selbst im Regelprolog spricht und die er denen verheißt, die den Weg der Regel gehen. Auch Gregor bekennt sich dazu, wenn er von der Vision Benedikts spricht: »Videnti creatorem angusta est omnis creatura« – »Wer den Schöpfer sieht, dem wird die ganze Schöpfung klein und eng« (Vita 35).

Von nachwirkender Bedeutung wurde also, dass sich Benedikt die »Quellen« seiner Regel nicht nur im theoretischen Studium erarbeitete. Er hat alle Formen monastischer Lebensweise selbst durchlebt und durchlitten. Er wiederholte sozusagen für seine Person den Weg der Entwicklung christlicher Mönchsgeschichte. »Unter der

Führung des Evangeliums« (Regel, Prolog) machte er sich auf diesen Weg, wie alle Mönchsväter. Im letzten Regelkapitel verweist er nochmals ausdrücklich auf die »Schriften des Alten und Neuen Testaments« als »ganz gerade Richtschnur für das menschliche Leben« (Regel 73). Darin stimmen alle Mönchsregeln überein, dass sie lediglich die Anwendung der Heiligen Schriften sein wollen. So verlangt Benedikt insbesondere vom Abt Vertrautheit mit der Schrift. Und bei der gottesdienstlichen und bei der privaten Lesung füllt die Schrift für alle die meiste Zeit aus. Allgemein beruft Benedikt sich sodann auf die Schriften der Väter, die laut davon reden, »wie wir geraden Laufes zu unserem Schöpfer kommen« (Regel 73). Des Näheren weist er auf seine Hauptquellen hin, auf Kassian und auf Basilius. Die Magisterregel erwähnt er nicht. Doch ist sie aus demselben Mutterboden gewachsen. Kassian von Marseille (um 360–430/35) übte den deutlichsten Einfluss aus; das südgallische Inselkloster Lérins (vor Cannes) war zur Zeit Benedikts ja noch das bedeutendste abendländische Monasterium. Und nachdrücklich empfiehlt Benedikt die »Regel unseres Heiligen Vaters Basilius«, dessen theologische Begründung zur Bevorzugung des Mönchslebens in Gemeinschaft ihn besonders beeindruckt und überzeugt haben muss. Zahlreiche Anklänge finden sich auch an die Regel des Pachomius, des Begründers des zönobitischen Lebens, und an das »Testament« von dessen zweitem Nachfolger Horsiesi († 380); beides lag von Hieronymus übersetzt vor. Von den lateinischen Kirchenvätern sind Einflüsse von Augustinus, Cyprian, Ambrosius, Hieronymus und Leo deutlich nachweisbar. Bei der Fülle von Einflüssen mag die weitgehende Übereinstimmung unter und mit den Vätern überraschen. Die Gründe liegen auf der Hand: alle orientieren sich an der gemeinsamen Quelle, dem Evangelium.

Auch die »Bruderschaft« Benedikts geht bewusst und gewollt auf die urchristliche Gemeinschaft zurück, wie man sich vor ihm und nach ihm immer wieder auf die Gemeinde von Jerusalem und die Ideale der apostolischen Zeit bezogen hat. In diesem Sinn strebte man das »apostolische Leben« (vita apostolica) an; sie wollten leben »wie die Apostel«, wie zu Zeiten der Apostel. Das Wort und Beispiel Jesu hatte in seinem Jüngerkreis unmittelbar gezündet. Das dort entfachte Feuer wurde unmittelbar an die Urkirche weitergegeben. Für Benedikt und die anderen Mönchsväter vor und nach ihm sowie für spätere Ordensgründer galten vor allem die beiden Stellen aus der Apostelgeschichte als klassisch: »(Die ersten Christen) verharrten in der Lehre der Apostel und in der Gemeinschaft, im Brotbrechen und in den Gebeten ... Und alle, die gläubig geworden, blieben beieinander und hatten alles gemeinsam; sie verkauften Habe und Güter und verteilten sie unter alle, je nach dem, was einer brauchte« (Apg 2,42.44–45); »die Gemeinde der Gläubigen war ein Herz und eine Seele, und auch nicht einer nannte irgendetwas von dem, was er besaß, sein Eigen, sondern sie hatten alles gemeinsam ... Einem jeden ward zugeteilt, wie er es brauchte« (ebd. 4,32.35). Die freiwillige Gütergemeinschaft, die in Gebet und im Frieden Christi geeinte Gemeinde von Jerusalem und das Zeugnis der Bruderliebe übten zu allen Zeiten eine faszinierende Wirkung aus.

Aus diesen Voraussetzungen und auf diesen Grundlagen hat Benedikt in charakteristischer Benutzung und Abgrenzung hinsichtlich der Magisterregel sein Gesetzbuch geschrieben – mit einem prophetischen Blick für das Wesentliche und für das Menschenmögliche. Wie seine Regel aus dem Leben gewachsen und am Leben erprobt ist, entspringen ihre Lebensnähe und innere Wahrheit dem Geist und dem Leben eines Mannes, der in seltener Ausgeglichenheit Milde und Kraft, Demut und Würde, die Liebe zur Arbeit und die Liebe zum Gebet vereint. Nur so ist ihre im Lauf der Geschichte bewährte Anpassungsfähigkeit an die veränderlichen Zeiten und Umstände zu erklären und zu verstehen. Es ist für die Wesensart Benedikts bezeichnend, dass er es darauf abgesehen hat, nicht etwa eine Fülle von Einzelbestimmungen zusammenzustellen, sondern ein abgewogenes und den Bedürfnissen des Gemeinschaftslebens entsprechendes Lebensgesetz zu schaffen. Die von ihm zusammengefasste Lebenserfahrung und Lebensweisheit konnte er in seiner Regel schon dem Anfänger kurz und bündig vor Augen halten, sie ihm während seiner Prüfungszeit dreimal vorlesen und erklären lassen und ihn dann vor die Entscheidung stellen, sie anzunehmen oder nicht (Regel 58). Mit Mönchen ohne Regel hatte Benedikt ja seine unliebsamen Erfahrungen machen müssen; jetzt will er eine klar gefasste, feierlich beschworene und schriftlich besiegelte Festlegung auf eine Regel. Sie ist das Grundgesetz für die »Schule des Herrendienstes« (Regel, Prolog), die er auch eine »Werkstatt« nennt, in der das geistliche Leben als »geistliche Kunst« »geübt wird« (Regel 4,7; Prolog); und das alles in der »brüderlichen Kampfgemeinschaft – acies fraterna« (Regel 1).

Gregor der Große hat Benedikt sicher treffend eingeschätzt, wenn er ihn für einen Mann hält, dem es nicht eigentlich und in erster Linie auf äußere Bindungen ankommt; dem es vielmehr um das innere Erfasstsein geht. Einem rigorosen Asketen, der sich in der Einsamkeit an eine Kette gebunden hat, lässt der Mönchsvater sagen: »Wenn du ein Diener Gottes bist, kette dich nicht an Eisen, sondern an Christus« (Dialoge III, 16). Die ganze Regel atmet diesen Geist: Es kommt nicht so sehr auf äußere Strengheiten an, die bei vielen alten Mönchen übertrieben und überbewertet wurden; entscheidend ist die geistige Bindung an Christus, den Herrn aller Gesetze, den »wahren König« (Regel, Prolog). Christus und die Bindung an ihn steht im Mittelpunkt benediktinischen Denkens.

Und noch eins muss grundsätzlich gesehen werden: Nach Benedikt ist der Mönch kein »Sonderchrist«, sondern er soll danach streben, ein möglichst vollkommener Christ zu werden. Die benediktinische Eigenart ist begründet in der Ausprägung grundlegender christlicher Haltungen; und lediglich in deren Verwirklichung geht sie einen Weg, den die monastische Tradition weist. So kann jeder Christ vom Geist Benedikts Weisung für die Gestaltung seines Lebens aus dem Glauben erwarten.

Nach Gregor soll derjenige, welcher Benedikt näher kennenlernen will, dessen Regel studieren; »denn der heilige Mann konnte nicht anders lehren als er gelebt hat« (Vita 36). So schließen wir aus dem Werk, das alle Anzeichen der Wahrhaftigkeit an sich trägt, mit Recht auf die Persönlichkeit des Verfassers. Die Regel ist das Spiegelbild dessen, der hier niederschrieb, was er wollte, wonach er strebte und wozu er andere anleitete.

Zur Spiritualität der Benediktsregel

Wenn wir nach den charakteristischen Kennzeichen der Spiritualität Benedikts fragen und das unter dem Gesichtspunkt, wie diese durch die Geschichte bis auf den heutigen Tag weiterwirkt, dann sind einige Kernworte zu nennen.

Ehrfurcht vor Gott und vor allem, was Gott geschaffen hat, ist das hervorstechendste Merkmal. Nur wer diese Prägung Benedikts erkennt, kann die Regel und ihren Geist verstehen. Wie dieser Begriff vom Alten Testament und gereinigt von falschen Schrecken und Ängsten als vertrauende, liebende, hingebende Gottesfurcht ins Neue Testament übernommen wurde, sieht Benedikt den Mönch von dem Bewusstsein, dem Empfinden und der Erfahrung der Gegenwart des lebendigen Gottes durchdrungen. Dessen Größe erfüllt das Denken und Sinnen des Mönchs. In allem Gott suchen, die Zeichen seiner Macht und Liebe in allem sehen, ist das Lebensprogramm des Mönchs. Davon wird sein Verhalten beim Gottesdienst, bei der Arbeit, seine Stellung zu den Mitbrüdern und zu allen Menschen und Dingen bestimmt. Schöpfungs- und Erlösungsordnung im christlichen Sinn werden von diesem in die Tiefe dringenden und alles umfassenden Begriff umspannt. Die Einheit des Lebens in seinen Bereichen von Natur und Gnade ist so gewährleistet. Jeder Einseitigkeit bar ist der Weg zu höchstmöglicher Harmonie gewiesen.

Hören – Gehorsam ist ein anderes Kennwort. Die Ehrfurcht führt zum Hören, um sich dem absoluten Gott zu öffnen; um sich ihm im Glauben und Gehorsam hinzugeben. Das erste Regelwort lautet so: »Höre, mein Sohn, auf die Weisungen des Meisters und neige das Ohr deines Herzens« (Regel, Prolog). Es trifft in die Herzmitte des ehrfürchtig gotthörigen Menschen. Die Mönche sollen ihr Leben lang so aufgeschlossen und gelehrig bleiben wie »Schüler, denen es zukommt, zu hören« (Regel 3). Benedikt sieht ja das Kloster als eine »Schule des Herrendienstes« (Regel, Prolog). In dieser Haltung darf nicht nur eine Mönchstugend erblickt werden; Benedikt nennt hier eine grundlegende Voraussetzung jeglichen Glaubens. »Der Glaube kommt aus dem Hören« (Röm 10,17); »wer Ohren hat, der höre« (Mt 13,9). Von hier aus orientiert der Mönch sein offenes Verhältnis zu Christus und dann zum Abt, zu den Mitbrüdern, zu allen und zu allem. So wird aus dem Hören ein aufeinander Hören, ein Gehorchen.

Benedikt sieht in diesem Gehorsam die Grundvoraussetzung des Glaubens und die Grundbedingung des zönobitischen Lebens. Dieser Gehorsam bedeutet die Einlösung des menschlichen Hörvermögens und bindet die Gemeinschaft zur Einheit. Hier ist die vielgenannte Stabilitas einzuordnen, zu der Benedikt durch ein eigenes Gelübde verpflichtet. Diese Beständigkeit darf nicht – wie man immer wieder hört und liest – vor allem vom lokalen Gesichtspunkt her verstanden werden. Von »stabilitas loci – Ortsbeständigkeit« steht so nichts in der Regel. Benedikt geht es nicht eigentlich darum, den Ort nicht zu wechseln, sondern er dringt darauf, in der gleichen Gemeinschaft auszuharren. Entscheidend ist die Bindung an diesen bestimmten Klosterverband, dem sich der Mönch nicht entziehen darf: nicht stabilitas loci, sondern stabilitas in congregatione, sagt Benedikt (Regel 4. 58. 60. 61). Die Glieder der Klostergemeinschaft spricht Benedikt über achtzigmal als »Brüder« an. Gegen die Beständigkeit verstößt der Bruder, der die Bruderschaft verlässt; denn nach den Gelübden ist er »durch Gesetz der Regel« so gebunden, »dass es ihm von diesem Tag an verboten ist, aus dem Kloster auszutreten« (Regel 58). Er ist ja »als Glied der Klostergemeinschaft aufgenommen«, »in den klösterlichen Verband eingegliedert« (Regel 61) worden. Das »Verlassen des Klosters« für eine Reise und der Aufenthalt außerhalb des Klosters zu diesem oder jenem Auftrag hat mit einem Verstoß gegen die »Beständigkeit« nichts zu tun. Aufenthalte außerhalb des Klosters sind von Benedikt selbst vorgesehen; sie sind also »regulär«, soweit sie durch den Gehorsam geregelt sind und dadurch auch in Beziehung zur Gemeinschaft stehen.

Aber auch als Kernstück der Askese sieht Benedikt den Gehorsam. Damit verlagert er die Methoden äußerer Strengheiten früherer Mönchspraktiken auf die spirituelle Ebene. Der Gehorsam ist nach Benedikt die Tugend des Mönchs, weil hier die Entsagung und die Kreuzesnachfolge in der vollkommenen Liebeshingabe an den Herrn angestrebt wird. Die Regel richtet sich ausdrücklich an den, der »dem Eigenwillen entsagt und die herrlichen Waffen des Gehorsams ergreift, um so Christus, dem wahren König, zu dienen«. Es gilt, »durch die Mühe des Gehorsams zu dem zurückzukehren, von dem (der Mensch sich) durch die Trägheit des Ungehorsams entfernt« hat (Regel, Prolog). Mit dem Gehorsam setzt Benedikts Askese unerbittlich an der Wurzel an. Hier dringt die verwandelnde Kraft der Askese unausweichlich in das Ich des Menschen vor. Hier gibt er nicht nur etwas von sich hin; hier geht es um ihn selbst. Dieser Wert des Gehorsams fordert eine angemessene Verwirklichung. In dem Maß, in dem der Gehorsam Antwort auf den Anruf der Freiheit ist, als Nachfolge Christi motiviert und als Hingabe in Ehrfurcht und Liebe, bereitwillig und hochherzig, geleistet wird, ist er Gottes und des Menschen würdig. Denn ohne Freiheit und Liebe gibt es keinen religiösen Gehorsam.

Ein weiteres Kernwort, das zur Charakterisierung der Spiritualität Benedikts beiträgt, heißt discretio; es ist die Tugend des Maßes und der Unterscheidungsgabe. Benedikt selbst nennt sie die »Mutter der Tugenden« (Regel 64). Bereits Gregor rühmt als Haupteigenschaft der Benediktsregel, dass sie »durch ihre discretio ausgezeichnet« sei (Vita 36). Sie lässt den rechten Ausgleich finden zwischen den Forderungen des Vollkommenheitsideals und der Schwäche der menschlichen Natur, zwischen »der Strenge des Meisters und der Güte des Vaters« (Regel 2). Sie lehrt unterscheiden, was wesentlich ist und was nicht; sie bewahrt vor Einseitigkeiten, vor dem Zuviel und dem Zuwenig. Sie befähigt den Abt, alles so zu ordnen, »dass die Starken noch mehr wünschen und die Schwachen keine Angst haben« (Regel 64); dass das angestrebt wird, was unter den gegebenen Umständen das Beste ist; dass die Gemeinschaft und die einzelnen Mönche ihrer Eigenart, ihrer Fähigkeit und ihren Kräften gemäß geführt werden. Aufgrund der discretio kommt es nicht zu schematischem, gedankenlosem, maßlosem Handeln. So steht Benedikt vor uns als ein Mann der Ordnung, des Maßes und der Weisheit. »Alles geschehe mit Maß« (mensurate) (Regel 48); »maßvoll und vernünftig« (cum mensura et ratione) (Regel 70) heißt es ganz allgemein. Dem entspricht seine ehrfürchtige Zurückhaltung; er erscheint unaufdringlich, vornehm, bescheiden, klug.

Ein anderes Kernwort erscheint heute so unmodern, als wäre es aus dem Wörterbuch zu tilgen. Dem Vokabularium Benedikts würde ein wesentliches Element fehlen, wollte man die Demut verschweigen. Ist die Ehrfurcht die Grundhaltung Benedikts und der Gehorsam der Kernpunkt seiner Askese, so ist die Demut für ihn ebenfalls nicht nur eine Tugend unter anderen, sondern der Inbegriff der Wesenshaltung des Mönchs, Inbegriff der Mönchsaskese und Maßstab der Vollkommenheit. Ihr widmet Benedikt das weitaus längste Kapitel der Regel (Kap. 7); und auch sonst kommt er fast auf jeder Seite des Regelbuchs darauf zu sprechen. Dabei geht es letztlich um das Geheimnis Christi, des Gekreuzigten und Auferstandenen, um seine humilitas, das heißt seine Niedrigkeit und Erniedrigung im Gehorsamsdienst bis zum Tod und die daraus gewonnene Gottesherrlichkeit (vgl. Phil 2,6 ff.). Benedikt bejaht diese Kreuzesnachfolge in der Überzeugung, nur auf diesem Weg zur lebenspendenden Freiheit der Kinder Gottes geführt werden zu können. Um sich für das Wirken der Gottesgnade ganz von sich selbst frei zu machen, stellt der Mönch sich auf den letzten, den niedrigsten Platz. Die Frucht dieses Verhaltens wird das Geschenk der Liebe sein.

Damit sind wir bei dem zentralen Kernwort Liebe, das am Ausgangspunkt, am Ziel und auf allen Wegstrecken steht. Denn nur die Liebe kann zu solcher Hochherzigkeit der Askese, der Demut und des Gehorsams bewegen. Es geht um die »Weite des Herzens« (Regel, Prolog), wo der demütig gewordene Mönch letztlich nur von dieser einen Kraft durchherrscht ist, von der Liebe Christi. Benedikt ist von der mystischen Kraft lebendiger Christusliebe erfüllt. Das ist die Christozentrik seiner Theologie. Auch aller Dienst in der Gemeinschaft gilt letztlich Christus, ob er dem Abt, dem Mitbruder, dem Kranken, den Gästen oder sonst wem geleistet wird. Die Frucht dieser Liebe sind Freude und Friede, von denen die benediktinische Gemeinschaft beseelt sein soll. Die Liebe ist die Erfüllung der Regel. Überall scheint sie als Motto und als Ziel durch.

Benedikts Klöster sind zu allen Zeiten vor allem als Stätten des Gebets, besonders des liturgischen Gebets, angesehen worden. Mit Recht: Alles in Benedikts Spiritualität führt zum Gebet, von welcher Grundhaltung wir auch ausgehen, ob von der Ehrfurcht, der Gehorsamshingabe, der Askese, der Demut oder der Liebe. Und alle diese Haltungen finden im Gottesdienst ihre deutliche Auswirkung und Ausprägung. Das zeigen jene Kapitel der Regel, in denen Benedikt über Geist und Haltung beim Gebet spricht (Regel 19. 20), sowie diejenigen, in denen die Gebetsordnung im Einzelnen festgelegt wird (Regel 8–18).

Den Gottesdienst nennt Benedikt bezeichnenderweise Opus Dei, ein Ausdruck, der in seiner Regel ausschließlich für das gemeinsame Stundengebet der Mönche gebraucht wird. Dieser Ausdruck war schon vor Benedikt gebräuchlich; und doch hat das Wort im Munde des Heiligen offensichtlich einen eigenen Klang. Opus Dei kann einfach mit »Gottesdienst« (Liturgie) wiedergegeben werden. Doch weist uns die wörtliche Übersetzung »Werk Gottes«, »Werk für Gott« auf die Beobachtung hin, dass für die Ordnung des mönchischen Tageslaufs der Gedanke des schuldigen Dienstes als »Arbeit für Gott« stark betont ist. Das geflügelte Wort »Ora et labora« (Bete und arbeite) als benediktinische Aufgabenbestimmung ist insofern missverständlich, als im Mönchtum auch das Opus Dei als »Arbeitsleistung« angesehen wird. Es gehört zum »Arbeitspensum« des Mönchs (Regel 16. 50). Jedoch: Das Opus Dei ist ein schuldiger und mühevoller, aber auch ein froher Dienst; ein ständiges Feiern ist es, Gottes Lob zu singen und zu künden. Unter allen »Werken« des Mönchs ist es das vorzüglichste. Es steht im Mittelpunkt des Lebens- und Tageslaufes. Der Novize wird auch an dem Maßstab geprüft, »ob er Eifer für das Opus Dei hat« (Regel 58). »Nichts darf dem Opus Dei vorgezogen werden« (Regel 43). Zwar wäre es eine Übertreibung, wollte man diesen Satz so deuten, als sei das Chorgebet das Hauptziel und der eigentliche Sinn des Klosterlebens; aber es gibt keine höher zu bewertende Tätigkeit der Mönche als dieses unmittelbare Stehen der »Kirche im Kleinen« vor Gott. Deshalb soll das Opus Dei mit ganzer Kraft, mit ganzem Herzen, mit tiefem Ernst und mit voller Hingabe vollzogen werden (vor allem: Regel 19. 20).

Nach der Lehre und in der Lebensauffassung Benedikts ist das Gebet mit dem gesamten monastischen Leben zu einer harmonischen Einheit zusammengeschmolzen. Das Opus Dei ist zugleich ein Teil der monastischen Askese (conversatio morum). Im christlichen Kult, der in der Taufe beginnt, die vom Mönch in seiner Verpflichtung zum monastischen Leben von neuem und vertieft bejaht ist, wird der Mensch grundlegend gewandelt und geändert zur Verherrlichung Gottes und zu seinem Heil. In dieser Verherrlichung Gottes und durch sie wandelt sich der Mensch immer mehr von sich weg zu Gott hin. So ist das gesamte Vollkommenheitsstreben Lobpreis Gottes. Aufgrund dieser Auffassungen vom asketischen Bemühen und von der liturgischen Frömmigkeit erkennen wir deren gegenseitiges Verhältnis, vor allem deren bruchlose Einheit im monastischen Lebenswandel (conversatio morum) nach dem Geist Benedikts.

Wir haben bereits das Vorstellungsklischee des sogenannten »Ora et labora Benedikts« korrigiert. Diese Formel findet sich in Benedikts Regel nicht – trotz allen immer wiederholten vermeintlichen »Zitierens«. Die weiteren spezifischen Tätigkeiten, die den Mönchstag neben dem Gebet ausfüllen, nennt Benedikt »lectio und labor« (Lesung und Arbeit). In dem gesunden und maßvollen Ausgleich von Gebet, Lesung (Studium) und Arbeit zeigt sich wieder die discretio Benedikts. Und die körperliche und geistige Arbeit darf das monastische Leben nicht beeinträchtigen, sondern soll vielmehr diese Bestandteile und Elemente integrieren.

Von der eigenen Arbeit zu leben, entspricht nach biblischer Mahnung und nach monastischem Brauch auch Benedikts Auffassung. So nimmt die Arbeit einen breiten Raum in der Tagesordnung und im Leben des Mönchs ein; beachten wir die verhältnismäßig kurzen Gebetszeiten über Tag. Grundsätzlich schließt Benedikt keine Art von Arbeit aus, die mit dem Klosterleben vereinbar ist.

Gerade im Zusammenhang mit der Arbeit zitiert Benedikt das Bibelwort, das auch zur Parole benediktinischen Mönchtums geworden ist: »Dass in allem Gott verherrlicht werde« (Regel 57,9). Weil Benedikt den Wert und das Ethos der Arbeit betont hat, wurde die Regel geschichtsmächtige Lehrmeisterin der jungen germanischen Völker. Wie sie ihnen ein christliches Verständnis von Gemeinschaft und Autorität vermittelte, so lehrte sie auch praktisch, dass Arbeit kein niedriger und entehrender Frondienst ist, sondern der menschlich-personalen Entfaltung und zugleich sozialen Funktionen dient. Die Bodenkultur, die verschiedenen Handwerke, die Fürsorge für Pilger, Kranke, Arme und Fremde sowie wissenschaftliches Arbeiten und pastorale Dienste bestimmen in verschiedenen Ausprägungen die mönchische Lebensform, die ihrerseits wie von selbst stets ihre Auswirkungen in den geschichtlichen Raum hatte.

Was Benedikt Lesung nennt, deckt sich mit dem, was wir Betrachtung, aber auch was wir Studium und wissenschaftliche Arbeit nennen. Benedikts Regel bezeugt, wie »belesen« der Gesetzgeber selbst war. Er hatte die Studien in Rom zwar aufgegeben, aber doch nur deshalb, weil er ausschließlich und vor allem »Gott suchen« wollte nach dem Augustinus-Wort: »Wir suchen, um zu finden, und suchen, um immer mehr zu finden« (in Joh 63). Nach seinen vielfältigen Erfahrungen wusste er nun sehr wohl, dass ein gesundes und eifriges Bildungsstreben mit dem monastischen Leben durchaus zu vereinbaren ist; es ist sogar in diesem oder jenem Maß gefordert. Es ist erwiesen, dass seit den Anfängen der benediktinischen Tradition eine gewisse literarische Bildung zu den Voraussetzungen für das monastische Leben gezählt wurde. Wir wissen, wie diese mit zunächst rein religiösen Motiven begründete Pflege der Lesung geschichtsmächtig und zu einem Aufbauelement unserer Kultur geworden ist. Sie wurde die Wurzel dafür, dass das Mönchtum die antike Bildung hütete, und sie legte dadurch den Grund für die Entfaltung der Theologie und der gesamten Geisteskultur des Mittelalters. Auf diesem Weg durch die Pflege des religiösen Lebens in Gebet, Lesung und Arbeit, wurden Benedikt und seine Mönche absichtslos und sozusagen »mit der linken Hand« die viel zitierten »Brückenschläger« von der Antike zur Kultur des Mittelalters und zu jenem geistig-kulturellen Erbe, von dem noch heute die gesamte zivilisierte Welt zehrt.

Das 72. Kapitel der Regel hat man mit Recht ihre Summe genannt. Es verdeutlicht, wie Ideal und Wirklichkeit klösterlichen Lebens miteinander verbunden werden sollen. Benedikt kennt die Schwäche des Menschen, der krank, ohnmächtig, arm und sündig ist. So mahnt er: Die Mönche »sollen ihre leiblichen und charakterlichen Schwächen in größter Geduld aneinander ertragen«. Es handelt sich um das Annehmen und Ertragen der eigenen und gegenseitigen Grenzen und Schwächen im Wissen um die von Gott geschenkte Liebe. »Keiner suche, was er für sich, vielmehr, was er für die anderen als nützlich erachtet. Die brüderliche Liebe sollen sie einander in selbstloser Gesinnung erweisen. Gott sollen sie in Liebe fürchten. Christus sollen sie gar nichts vorziehen; er führe sie alle zusammen zum ewigen Leben.«

Jedermann wird anerkennen: Aus Benedikts Regel spricht der Geist einer tiefen und bewundernswerten christlichen Lebensweisheit. Hier ist ein dem Evangelium gemäßer Weg zu Gott aufgewiesen.

Der Weg der Regel durch die Geschichte

Benedikt wurde erst im Laufe der Zeit zum Wegweiser in der Kirche, zum Lehrmeister und Vater des abendländischen Mönchtums. Seine Wirkungsgeschichte übertrifft seine Lebensgeschichte um ein Vielfaches. Im Verlauf der Ordensgeschichte hat man sich immer wieder an seiner Regel unterschiedlich zu orientieren versucht, entzündet und erneuert.

Die Weite und die Wirklichkeitsbezogenheit – diese beiden Eigenheiten in gleicher Weise – haben der Regel nicht nur eine Überlegenheit gegeben, durch die sie alle anderen Klosternormen überflügeln konnte, sondern sie verliehen ihr auch eine ungeahnte Offenheit für die Entwicklung und Weiterführung in anderen Zeiten, Verhältnissen und Gegebenheiten. Mit dieser ausdrücklichen Rücksicht hat Benedikt seiner Regel den Weg in die Geschichte leicht gemacht. Sie ist von ihrer Art her geschichtsoffen; und aus der tatsächlichen geschichtlichen Entwicklung und Auswirkung können wir ablesen, welche Möglichkeiten die Regel eröffnet. Verschiedene Ausprägungen des monastischen Lebens konnten sich somit auf das gleiche Grundgesetz berufen; und zu allen Zeiten und in allen Regionen behielt Benedikts Spiritualität aktuelle Bezüge. Übrigens wollte Benedikt die Weisungen anderer Mönchsväter nicht verdrängen. Er empfiehlt sie ausdrücklich der weiteren Beachtung. Tatsächlich dauerte die Zeit der »Mischregelobservanz« noch länger fort; zum Beispiel waren um 600 in Gallien an die zwanzig Mönchsregeln vermischt in Gebrauch. Bis über das 8. Jahrhundert hinaus konnte man von »Orden«, also auch von »Benediktinern«, nicht sprechen. Die Asketen und die Gemeinschaften wussten sich als »Mönche«, die »nach den Regeln der heiligen Väter, besonders der heiligen N. N.« lebten. Der Abt gab die Norm der Lebensordnung; und er schöpfte eben meist nicht nur aus einer, sondern aus mehreren Regeln.

Den Mönch als »den religiösen Menschen« gibt es bezeichnenderweise schon im vor- und außerchristlichen Raum. Der Kirchenhistoriker Johann Adam Möhler (1796–1838) meint, nur primitiven und degenerierten Völkern sei das Hochziel des Mönchischen fremd. Auch im alttestamentlichen Gottesvolk gab es Asketengemeinschaften. Aber das christliche Mönchtum fand bei allen »urmenschlichen« Verbindungen mit jenen allgemeinen Erscheinungen der religiösen Menschheit in Christus seinen ganz neuen Ansatzpunkt, Ausgangspunkt, Mittelpunkt und Zielpunkt. Auf die Voraussetzungen, die Benedikt vorgefunden hat, wurde bereits hingewiesen. Sein ungebrochenes Verhältnis zur Tradition und auch seine in der Praxis gereifte und in die Zukunft weisende Konzeption ist uns vor Augen getreten.

Beim Tod des Mönchsvaters von Montecassino (um 547) war seine Regel auch in Subiaco und in Terracina bekannt. Dreißig Jahre später wurde Montecassino von den Langobarden zerstört (577). Die Mönche flohen nach Rom und erhielten in der Nähe des Lateran ein Kloster. Mehr lässt sich für die Frühzeit nicht feststellen. Wenig später hat Papst Gregor der Große für das Nachwirken der Persönlichkeit und für das Nachwirken des Werkes Benedikts nicht nur durch die genannte Vita des »Gottesmannes« gesorgt. Dass er 596 vierzig Mönche des Andreasklosters zu Rom unter der Leitung ihres Priors Augustinus als Missionare nach

Angelsachsen sandte, war eine geschichtsträchtige Tat, die für das Mönchtum und für die europäische Geschichte insgesamt eine unabschätzbare Bedeutung gewinnen sollte: Die folgenreiche Romverbindung der angelsächsischen und damit später der fränkischen Kirche war so eingeleitet. Und über diese Brücken kam auch die Benediktsregel zuerst nach Angelsachsen, um dann von dort mit Willibrord († 739) und Bonifatius († 754) als die »römische Regel«, mit der Autorität St. Peters als des Himmelspförtners gestärkt, auf das Festland zurückzukehren. Hier hat die Benediktsregel bis zur Mitte des 8. Jahrhunderts die Vorherrschaft vor den Mischregeln und den iro-schottischen Bräuchen errungen. Viele der geistig wirkungsmächtigen Persönlichkeiten des angelsächsisch-fränkischen Raums kennen wir als Söhne Benedikts: Wilfrid († 709), Beda († 735) und nach Willibrord und Bonifatius Alkuin († 804), Rabanus Maurus († 856), um nur einige zu nennen. Die monastischen Stätten wurden für weite Räume die geistigen Zentren: Echternach, Fulda, Aniane, Corvey, im Süden Luxeuil, St. Gallen, Reichenau – das sind nur einige Namen für viele, die folgen könnten. Karl der Große († 814) nutzte die Klöster für seine Kulturpolitik. Um sie zu fördern, ließ er von Montecassino eine authentische Abschrift der Regel kommen und strebte eine einheitliche Ordnung im Klosterwesen an. Die Abteien entwickelten sich zu Missions-, Schul-, Kultur- und Reichsklöstern. Wie sehr der Geist eines christlichen Humanismus geweckt war und sich verantwortlich fühlte, das Wissen weiterzugeben, das die Weisheit der alten Zeiten entdeckt und gesammelt hatte, findet in einem Brief Alkuins an Karl den Großen beispielhaften Ausdruck: »Wenn deine Absichten ausgeführt werden, so entsteht möglicherweise ein neues Athen im Frankenreich, ein glanzvolleres Athen als das alte; denn unser Athen, geadelt durch die Lehre Christi, wird die Weisheit der alten Akademie übertreffen. Das alte Athen hatte zu seiner Unterweisung nur die Lehren Platos und blühte schon dadurch in den sieben freien Künsten. Unser Athen jedoch wird mit den sieben Gaben des Heiligen Geistes ausgestattet sein und darum alles Ansehen irdischer Weisheit übertreffen« (Alkuin, Epist. 170).

Bis in die Neuzeit hinein wirkten sich aber auch immer wieder politische und wirtschaftliche Verwicklungen verhängnisvoll für das Klosterleben im Sinn Benedikts aus. Schon Benedikt von Aniane (750–821) musste mit dem Eifer eines Reformers die monastischen Gesichtspunkte der Regel neu einschärfen. Er merkte selbst nicht, wie sehr er dabei, der ursprünglichen Weite Benedikts von Nursia zuwider, die »modernen« Ideale seiner Zeit von der Vereinheitlichung in allem (»una regula, una consuetudo«) vereinseitigend in den Vordergrund drängte und sich in vielem vom Buchstaben und Geist der Regel auf seine Weise entfernte; so zum Beispiel durch kleinliche Bestimmungen und Überbetonung des Gebetsdienstes. Die Bestrebungen dieses durch Ludwig den Frommen († 840) bestellten »Reichsabtes« hatten jedoch zunächst keine länger andauernde Wirkung. Seit der zweiten Hälfte des 9. Jahrhunderts nahmen auch die Klöster zwangsläufig am allgemeinen Niedergang teil.

Der neue Aufstieg kam dann teils von Cluny und seinem wachsenden Klosterverband, teils von anderen Reformzweigen wie Gorze bei Metz, Brogne in Flandern, aus England oder von cluniazensisch ausgerichteten Vororten wie Hirsau und dann auch vom Erzkloster Montecassino selbst. Im 11. Jahrhundert beobachteten wir parallel dazu auch das Lebendigwerden einer neuen eremitischen Bewegung, die mit Camaldoli, Fonte Avellana und Vallumbrosa gekennzeichnet sein mag.

Es ist bekannt, wie die Klöster vom 10. bis 12. Jahrhundert auch im öffentlichen Raum von Kirche und Welt den größten Einfluss ausübten. Ihre religiöse Bedeutung äußerte sich der Zeit gemäß in einer ansehnlichen Macht. Die großen Heiligen, die maßgebenden Bischöfe und Päpste kamen aus diesen Kreisen. Um auf die spannungsreiche Zeitgeschichte hinzudeuten, genügt der Hinweis auf den Mönch Hildebrand, den eifervollen Verteidiger der »Freiheit der Kirche«. Als Papst nannte er sich bezeichnenderweise Gregor († 1085). Er war der siebte dieses Namens, und der Name galt als Programm; an ihm schieden sich die Geister eines Zeitalters.

Man kann sich fragen, was stärker war: Die Ausübung solcher machtvoller Einflüsse auf die geistigen und politischen Auseinandersetzungen der Zeit oder der Dienst, den diese Klöster dem Volk leisteten, seiner Bildung, Frömmigkeit,

Spiritualität, und nicht zuletzt seinen wirtschaftlichen, sozialen und karitativen Bedürfnissen.

Es ist merkwürdig, wie der einsame Mönch von Subiaco und der stille Gesetzgeber von Montecassino, der sich jeder weltlichen Tätigkeit in Rom bewusst entzogen hatte, in seinem ebenso wenig bewusst initiierten Lebenswerk mit einer solchen Bedeutung über Jahrhunderte nachwirken konnte, wobei die neuen Zentren monastischen Lebens die alten Hauptstädte in den Schatten stellten und oft neue »Weltstädte« begründeten. Benedikt wurde in vielfacher Weise ein Brückenbauer; nicht zuletzt dadurch, dass in den Mauern seiner Gebets- und Werkstätten die geistigen Schätze der Antike gehoben, gepflegt, erhalten und weitergegeben wurden. Brücken blieben ja vielfältig notwendig, um Tradition und Kontinuität zu ermöglichen. Auch nach den Wirren der Völkerwanderungszeit rollten immer neue Wellen von Niedergang und Vernichtung drohenden Katastrophen an: Normannen, Sarazenen und Ungarn von außen, selbstzerstörende Kräfte vielfacher Deformationen im Innern. Erneuerungskräfte im kirchlichen und kulturellen Bereich sind in jener Zeit nicht zu trennen. In anderer Weise als im Osten ist die Kirche eine »Mönchskirche«; hier dadurch, dass die Benediktinerklöster insgesamt bis mindestens ins 11. Jahrhundert eine Bedeutung besaßen, die sie als kirchlichen Faktor an die Seite des Papsttums stellten. Im Ganzen gesehen hat das benediktinische Mönchtum auf die Entfaltung des religiösen, sittlichen, geistigen und kulturellen Lebens eine größere Wirksamkeit ausgeübt als der gesamte Klerus mit Einschluss des Episkopats. Diese Möglichkeit geht auf die Stiftung Benedikts zurück, der seine Mönche zu intensiverem religiösen Leben verpflichtete und dessen Klöster sich in der Folge zu Mittelpunkten von nachhaltigster missionarischer Kraft und bleibender Einwirkung auf die Laienwelt entwickelt hatten. Das Benediktinertum war zu einem tragenden Mitgestalter der Epoche geworden. Neben seiner ursprünglich allein angestrebten religiösen Bedeutung wurde das Kloster gleichzeitig über 700 Jahre hinweg die charakteristischste kulturelle Einrichtung, die sich vom Verfall der klassischen Kultur bis zum Aufkommen der europäischen Universitäten im 12. Jahrhundert erstreckt. Es ist jedoch auch darauf hinzuweisen, dass man Klerikerschulen und Mönchsschulen unterscheiden muss. Letztere haben eine eigentümliche monastische Theologie entwickelt, welche die Patristik fortsetzt und zeitlich neben der Frühscholastik und Vorscholastik einherläuft. Es handelt sich um eine von Mönchen für Mönche geschriebene Theologie. Ihre Quellen bilden – wie bei der monastischen Bildung insgesamt – die Bibel, die patristische Tradition (mit großen Teilen von beiden lebte man täglich im liturgischen Gottesdienst) und die klassische Literatur (die fast einzig von den Mönchen überliefert wurde). Sie hat im 12. Jahrhundert außerhalb der »Frühscholastik« den Aufschwung der Scholastik des 13. Jahrhunderts mit vorbereitet (vgl. J. Leclercq, Wissenschaft und Gottverlangen, Düsseldorf 1963).

Die Möglichkeiten zu Anpassung und Erneuerung, die in der Regel selbst begründet sind, zeigen auch die verschiedenen Reformgruppen, die sich dann zu eigenen Verbänden entwickelten, wovon die Bewegung der Zisterzienser im 12. Jahrhundert alle anderen bei weitem an religiöser Kraft und an Einfluss übertraf. Bernhard von Clairvaux († 1153) hatte ihr die eigentliche Form und Stoßkraft gegeben. Ihr Ideal wollte Clunys Eigenart im Rückgriff auf die ursprüngliche Regel überspringen; ihre organisatorische Form wollte die Selbständigkeit der Einzelklöster und die zentrale Leitung harmonisch verbinden. Die kolonisatorischen Verdienste und die Entbindung mystischer Elemente in der Theologie und in der Frömmigkeit der Zeit haben bleibende Spuren dieser Bewegung hinterlassen.

Das 13. und 14. Jahrhundert bedeuteten dann für das benediktinische Mönchtum eine Zeit der Stagnation und des Niedergangs. Verflochtenheit mit dem Feudalsystem, die Folgen von Kriegen und Seuchen, das aufkommende geistig-kulturelle Übergewicht der Universitäten, die Anziehungskraft der »modernen« Bettelorden – das werden die Hauptfaktoren dieser Entwicklung gewesen sein. Mit dem Beginn des 15. Jahrhunderts zeigte sich eine Regenerierung von innen her. Organisatorisch schloss man sich zu Verbänden, Kongregationen, zusammen. Spirituell knüpfte man an Cluny und Hirsau an, sympathisierte mit der »Devotio moderna« und mit dem Humanismus. Man liebte vor allem Zelle und Kloster, ohne weitere Außentätigkeiten anzustreben. Die Erbauungsschriften der Johannes von Kastl, Garcia Cisneros von Montserrat, Johannes Trithemius von Sponheim, Johannes Rode von Trier seien als Beispiele dieser Ära erwähnt.

In diese aufsteigende Linie traf die Reformation hinein. Wie kämpferisches Unverständnis dem Mönchtum mit vernichtenden Schlägen schaden kann, erleben wir bis in unsere Tage. Danach war das Konzil von Trient (1545–1563) auch für die Benediktiner ein Anstoß zu neuem Leben. In der katholischen Restauration erlangten sie auf religiösem und kulturellem Gebiet wieder eine führende Stellung. Während in Deutschland die Bursfelder Kongregation in bleibender Erinnerung steht, entstand in Frankreich 1621 mit der Maurinerkongregation, die durch ihre wissenschaftlichen Arbeiten den nachhaltigsten Einfluss ausübte, ein neuer Klostertyp. Er fand auch im Deutschland der katholischen Barockkultur seine Nachahmer: St. Blasien, Weingarten, St. Gallen, Regensburg, Melk, Salzburg, Ottobeuren, Kremsmünster, Fulda und andere. Wer könnte in der Wissenschaftsgeschichte der Neuzeit den Mauriner Jean Mabillon auslassen, den Begründer der modernen geschichtswissenschaftlichen Methode der Diplomatik (1632–1707). Sein Zeitgenosse Le Bouthillier de Rance betonte unter Berufung auf die gleiche Benediktsregel Handarbeit in harter Buße und in ständigem Schweigen und begründete mit diesem Ideal die Trappisten als reformierten Zweig der Zisterzienser (1626–1700). Die Bejahung dessen, dass das Studium als besonders naheliegender, angemessener und ausgezeichneter Weg monastischen Strebens gelten kann, hat in Anknüpfung an Klosterschulen früherer Art und nach dem Vorbild der Jesuitengymnasien vielbesuchte Abteigymnasien entstehen lassen. Man beachtete auch die aufkommenden Naturwissenschaften. Philosophie, Musik und Theater wurden gepflegt. Die gewaltigen Klosteranlagen der Zeit mit ihren prachtvollen Kirchen bezeugen uns noch heute diese blühende Periode. Die neue Benediktinerspiritualität, den zeitgenössischen asketischen Einflüssen offen, ist greifbar in dem literarischen Nachlass etwa des Ludwig Blosius von Liessies (1506–1566), Benedikt Haeften von Afflighem (1588–1648), Augustinus Baker (1575–1641). Von den führenden Gelehrten seien außer dem erwähnten J. Mabillon und seinen Mitbrüdern in St. Germain des Prés bei Paris genannt: Augustin Calmet (1672–1757), Franz Stephan Rautenstrauch (1734–1785), Martin Gerbert (1720–1793), Marquart Herrgott (1694–1762), Gabriel Bucelin (1599–1681).

Nachdem der Höhepunkt dieser Entwicklung um 1750 überschritten war, machte sich der Zeitgeist der Aufklärung geltend. Durch die Französische Revolution (1789) und die Säkularisation (1803–1806) wurde dem Klosterleben vor allem in Frankreich und Deutschland gewaltsam ein vorläufiges Ende bereitet.

Succisa virescit (abgehauen lebt es grünend wieder auf) – dieser Wappenspruch von Montecassino bewies nun seine Wahrheit für das gesamte benediktinische Mönchtum, das seit den dreißiger und vierziger Jahren des 19. Jahrhunderts in allen Erdteilen einen ungeahnten Aufschwung genommen hat. In Frankreich gingen seit 1833 von Solesmes und in Deutschland zuerst von Bayern und seit 1863 auch von Beuron aus Erneuerungsströme in alle Richtungen. In fast allen Ländern zeigte sich neues Leben. Von Bayern und der Schweiz aus entstanden Neugründungen in den USA. Seit 1884 vertritt die Kongregation von St. Ottilien wieder das Ideal, Außenmission mit dem Mönchtum zu verbinden.

Auf Wunsch des Papstes Leo XIII. schlossen sich 1893 die meisten Klöster und Klosterverbände, Kongregationen genannt, zu einer benediktinischen Konföderation zusammen. Dieser steht der Abt-Primas vor, der auf jeweils acht und im Fall einer Wiederwahl auf vier Jahre gewählt wird und zugleich Abt von St. Anselm in Rom und Großkanzler der dortigen Päpstlichen Benediktinerhochschule ist. Dieses Amt hat nach dem Belgier Hildebrand de Hemptinne (1893–1913), dem Deutschen Fidelis von Stotzingen (1913–1947), den Schweizern Bernard Kälin (1947–1959) und Benno Gut (1959–1967), dem US-Amerikaner Rembert Weakland (1967–1977), dem Deutschen Viktor Josef Dammertz (1977–1992), den US-Amerikanern Jerome Theisen (1992–1996) und Marcel Rooney (1996–2000) seit 2000 der aus der Erzabtei St. Ottilien stammende Notker Wolf inne.

Von Ordensfrauen und ihren Gemeinschaften, die nach der Benediktsregel gelebt haben, wurde noch nicht gesprochen, obwohl auch in der Gegenwart mehr Benediktinerinnen als Benediktiner gezählt werden. Benedikt hat seine Regel zunächst für Mönche geschrieben. Man muss aber auf diese Parallelität hinweisen: andere Väter der zönobitischen Lebensweise waren zugleich in Wort und Tat auch auf die monastische Lebensweise von Frauen bedacht; man denke an Pachomius († 347), Basilius († 379), Kassian († 435), Caesarius von Arles († 542), weiterhin an Hieronymus († 420) und Ambrosius († 397). So erscheint die Tradition nicht unglaubwürdig, welche die Lebensform der Schwester Benedikts, Scholastika, die als Nonne in der Nähe von Montecassino gelebt haben soll, mit dieser Regel in Verbindung bringt. Jedenfalls trat die Benediktsregel nachweisbar seit dem Beginn des 7. Jahrhunderts auch in den Nonnenklöstern ihren Siegeszug an; Mitte des 8. Jahrhunderts war ihr Sieg entschieden. Sie wurde die einheitliche Norm für alle Frauenklöster des Abendlandes und blieb es bis ins 12. Jahrhundert, abgesehen von den Kanonissenstiften. Man kann von vornherein annehmen, dass diese Regel bei ihrer discretio, dem weisen Maß und ihrer Rücksichtnahme auf die verschiedenen Bedürfnisse und Verhältnisse, besonders geeignet sein muss, auch für Nonnen gelten zu können. Nennen wir nur Namen wie die der Lioba von Tauberbischofsheim († 782), Walburga von Heidenheim († 780), Hildegard von Bingen († 1179), Elisabeth von Schönau († 1164) und die der einflussreichen Mystikerinnen aus der Bewegung der Zisterzienserinnen, Gertrud der Großen († 1302) und Mechthild von Helfta († 1299). Die gesamte Geschichte der

Benediktinerinnenklöster zeigt in den entscheidenden Stadien ihrer Entwicklung eine deutliche Parallelität zu derjenigen der Mönchsabteien (vgl. St. Hilpisch, Geschichte der Benediktinerinnen, St. Ottilien 1951; B. Senger, St. Benedikt, Essen 1963, S. 149–158).

Das Weiterleben und Weiterwirken Benedikts in der Nachwelt und seine Aktualität beobachten wir auf zwei Ebenen. Die eine ist sein »Orden«, der aus besagten Gründen mehr ist als einer unter vielen. Er hält in der Westkirche die kontemplativen, die monastischen und aus den Wurzeln der alten Kirche sich stets erneuernden Elemente wach. Wie es sich bis in unsere Tage zeigt, ist sein Beitrag zur Theologie und zur christlichen Spiritualität nicht gering zu veranschlagen. Als Gemeinschaft, die aus der Zeit vor den Kirchenspaltungen stammt und die von den Phrasen des Tagesgeschwätzes unbelastet ist, spricht man ihr in beachtenswerter Hochschätzung eine besondere Befähigung zum ökumenischen Gespräch zu. Auch die im evangelischen Raum aufgekommene Mönchsbewegung von Taizé ist ohne das Erbe Benedikts so nicht zu denken. Damit ist die andere Ebene bereits in Sicht: Benedikt wirkt nicht nur über seinen Orden weiter, sondern alle sind wir »Söhne« dieses »Vaters Europas«, dessen Regel man das Grundgesetz des christlichen Abendlandes genannt hat.

Sendung und Auftrag heute

Hat aber das Mönchtum heute noch einen Auftrag in der modernen Welt? Zu Anfang des 19. Jahrhunderts hat das allgemein verbreitete Unverständnis in Kirche und Welt fast das gesamte Klosterleben ersterben lassen. Und seitdem die Ideen der Französischen Revolution und die Welle der deutschen Säkularisation sich im Abendland durchgesetzt haben, sind die damit zusammenhängenden Vorgänge und Bewegungen so weitergegangen, dass man heute allgemein von einer »säkularisierten Welt« spricht. Wir kennen zwar die staunenswerte Restauration des Mönchtums in der katholischen Welt, welche in dem Jahrhundert, etwa von 1860 bis 1960, die Zahl der Klöster, Mönche und Nonnen sich vervielfältigen ließ und eine tiefgreifende geistliche Erneuerung der Mönchsorden brachte. Wir denken auch an die seit wenigen Jahrzehnten aufbrechenden monastischen Bewegungen im protestantischen Raum; da gibt es die viele faszinierende Communauté von Taizé in der unmittelbaren Nähe des alten Cluny und die weiblichen Parallelen in der Westschweiz und in Deutschland.

Aber wir müssen feststellen, dass die Neuansätze mönchischen Lebens und das gegenwärtige Selbstverständnis der Klöster nicht dort angesetzt haben und sich dort fortsetzen wollten, wo man 1803 abbrechen musste. Die Mönche von heute denken nicht daran, hier oder andernorts das

Muster irgendeiner geschichtlichen Form vergangener Zeiten wieder aufleben zu lassen: nicht die karolingische Missionsstation und das »Kulturkloster«, nicht die hochmittelalterliche Reichsabtei, nicht das spätmittelalterliche Reformkloster am Vorabend der Reformation, nicht die fürstliche Barockanlage.

In den verschiedenen Epochen gab es entscheidende Impulse; und es gab bedauerliches Versagen. Es ist wichtig, sich der Pluriformität des Mönchtums zu erinnern, die auf der Grundlage der einen Benediktsregel möglich ist. Und die Reformbewegungen innerhalb des Benediktinertums sind im Sinne der Ordensgeschichte nicht so zu verstehen, als bedeute eine Erneuerung stets das Beenden eines Zustandes des Verfalls und des Niedergangs. Das gab es auch. Aber das Aggiornamento in der Ordensgeschichte ist wie das Axiom »Ecclesia semper reformanda« als eine ständige Erneuerung im Sinne der Anpassung an die Notwendigkeiten und Bedürfnisse der jeweiligen Zeit und im Sinne des Erfassens neuer Ideale zu verstehen. Man denke etwa an die Auseinandersetzungen der Bewegung von Citeaux mit dem damals noch immer blühenden Cluny im 12. Jahrhundert, die zugleich die streitbare Diskussion zwischen zwei Heiligen war: dem heiligen Bernhard und dem heiligen Petrus Venerabilis.

Wenn vom »Mönchtum in der modernen Welt« gesprochen wird, müssen wir von vornherein annehmen, dass das Mönchtum und sein Selbstverständnis teil hat an der

Krise der Kirchen in der modernen Welt; – Krisen, die alle samt nur zu verstehen sind im Zusammenhang mit der gegenwärtigen allgemeinen Krise des Menschen und aller Institutionen. Denn es wäre nicht nur merkwürdig, sondern auch ein sorgeerregendes Zeichen um die Lebendigkeit der Kirchen und des Mönchtums, wenn diese nicht teil hätten an den Wellenbewegungen unserer Zeit. Bei aller beängstigenden Verunsicherung und Verwirrung wird man diese Erscheinungen als positive Faktoren zugunsten einer Lebendigkeit der Kirchen und des Mönchtums ansehen dürfen. Denn so zeigt sich: Die Größten stehen mitten in der modernen Welt, sie müssen sich mit den neuen Gegebenheiten auseinandersetzen, und sie stellen sich ihnen. Man schweigt sie keineswegs tot, wie es die Propheten der Säkularisation bereits verkünden wollten.

Der besondere Auftrag des Mönchtums in der gegenwärtigen Situation kann nicht von einer Säkularisation absehen, die heute als Denkatmosphäre vorherrscht, die auf eine innerweltliche Genügsamkeit zielt. Es geht um eine neue Einstellung zu den Dingen, zu den Menschen, zu Gott. Es handelt sich um ein Denkklima, in dem wir alle leben, ob wir wollen oder nicht; um ein Vorurteil, mit dem wir alle behaftet sind.

Es ist kein Zweifel: Die moderne Zivilisation mit ihrer innerweltlichen Blickrichtung scheint dem religiösen und kirchlichen und deshalb erst recht dem monastischen Geist nicht förderlich zu sein. Die Mönchsspiritualität wirkt auf viele wie ein Fremdkörper: Dieses Zeichen für die Absolutheit Gottes und dieses christliche Zeugnis für dessen Transzendenz verbunden mit Einsamkeit, Schweigen, Gebet und Arbeit; – alles unaufgebbare Grundzüge der monastischen Lebensform.

Hier stellt sich nicht nur die Frage nach dem Sinn, sondern auch nach der Gestalt des Mönchtums heute. Von welchen überlieferten Formen müsste man loskommen, damit neue Wege erschlossen werden können? Was ist das Unaufgebbare und Bleibende im Mönchtum? Welches sind seine unersetzbaren Dienste in der Kirche und in der Welt von heute? Einem religionsgeschichtlichen Menschheitsphänomen wie dem Mönchtum wird niemand leichtfertig eine Zukunft versagen. Das Wie bleibt aber eine brennende Frage und eine bedrängende Aufgabe.

Sicher wird es niemandem einfallen, dem Mönchtum heute noch eine Monopolstellung einzuräumen im Bereich der Sendung der Kirche, der Frömmigkeit, der Bildung oder der Wirtschaft, wie es in den Blütezeiten des Mittelalters gewesen ist. Aber Benedikt, der seine Regel für eine Mönchsgemeinschaft im 6. Jahrhundert verfasst hat, kennt durchaus Verhaltensformen und Motivationsstrukturen, von denen auch das Leben in unseren heutigen Gemeinschaften und in der Gesellschaft der Gegenwart getragen wird. Man hat diesbezüglich von einem noch unausschöpfbaren Reichtum der Benediktsregel gesprochen. Allerdings spricht der Mönchsvater eine sehr viel einfachere Sprache; er denkt nicht so kompliziert, wie wir heute Problemhintergründe aufzureißen pflegen. Walter Nigg schreibt in seinem Buch »Geheimnis der Mönche« (S. 15) mit großem Nachdruck: »Vor allem ist das Mönchtum eine legitime Ausprägung des Christentums«; und er fügt hinzu: »Die Wurzeln des christlichen Mönchtums gehen auf das Neue Testament zurück.« Selbst nach dem Geschichtsphilosophen Oswald Spengler »beginnt das christliche Mönchtum nicht mit Pachomius, der nur das erste Kloster gebaut hat, sondern mit der Urgemeinde in Jerusalem«. Darin ist ein erster immerwährender Auftrag des Mönchtums zu sehen, durch seine Existenz an die apostolische Lebensweise zu erinnern. Das will hier nicht als missionarische Sendung im engeren Sinn verstanden werden, sondern meint: Die Mönche wollen leben wie die Apostel, genauer: Wie die Urgemeinde in Jerusalem zur apostolischen Zeit, wovon die Apostelgeschichte berichtet (2,42 ff.). Das ist ein ausdrückliches Motiv aller Mönchsväter gewesen und aller Reformer des Mönchswesens geblieben. Ja, alle kirchlichen Erneuerungsbewegungen haben sich auf die Vita apostolica berufen. Es gilt also, dieses Feuer des Ursprungs zum Weiterzünden wachzuhalten, »die erste Liebe« nicht erkalten zu lassen.

Das führt zu einem anderen Element, das nicht verschwiegen werden kann: Benedikt fordert vom Mönch die fortdauernde Haltung des Gottsuchens. Man könnte vielleicht vermuten, Mönche seien Leute, die meinen, Gott gefunden zu haben oder ihn sogar zu »besitzen«. Das würde dem Geist des Mönchtums und dem Wesen christlichen Lebens scharf zuwider sein. Der Christ ist und bleibt ein Gottsucher; er kann weithin als solcher definiert werden. Wenn dem so ist, stellt sich die Frage: Bedarf es dann in der Kirche eines solchen Spezialistentums der Gottsuche, eines spezifisch institutionalisierten und etablierten Gebildes zur Verwirklichung von Aufgaben, die eigentlich allen Christen gemeinsam sind? Man könnte antworten, es bedürfe dieses Besonderen, um das Allgemeine anschaulich zu machen. Aller Welt und allen Christen soll die Eigenart eines Lebens unter dem Anspruch Gottes radikaler bezeugt werden. Die theozentrische Grundhaltung und die gemeinschaftsbezogene Lebensverwirklichung monastischer Spiritualität stellen gerade in unserer modernen Welt eine Provokation dar; in einer Welt, in welcher der Mensch wiederum und immer noch als das Maß aller Dinge gefeiert wird und wo das individuelle Glücksstreben in krassen egoistischen Abarten zu einem gesellschaftsgefährdenden Faktor geworden ist. Auf der Suche nach Gott verwirklicht sich nach christlichem Verständnis der Mensch.

Der Auftrag des Mönchtums in der modernen Welt kann, wie jeder kirchliche Auftrag, nur als ein Dienst verstanden werden. Welche besonderen oder sogar unersetzlichen Dienste und Aufgaben leistet das Mönchtum gerade unserer Zeit?

Die monastische Spiritualität ist der Zeit der frühen Kirche verpflichtet. Das christliche Mönchtum hat sich in seinen wesentlichen Grundlagen in der Zeit der Kirchenväter entwickelt. Und das »patristische Mönchtum« hat die monastischen Lebensinhalte und Lebensformen in bestimmter, unauslöschlicher Weise geprägt. Damals bestand eine innere Verwandtschaft des allgemeinen kirchlichen Lebens mit den besonderen monastischen Idealen. Das Milieu begünstigte die Entfaltung des monastischen Lebens. Die Strömungen der antiken Philosophie und vor allem die aus der Bibel erhobenen Traditionen erfreuten sich allgemeiner Hochschätzung. Man braucht nur die Predigten eines Gregors des Großen zu lesen, um geradezu eine weitgehend monastische Interpretation des Evangeliums wahrzunehmen. Die Mönche aller Zeiten fühlten sich dem patristischen Zeitalter verpflichtet und lebten vorzüglich in dieser Welt und aus diesem Geist. Es war zugleich gewissermaßen der Geist ihres Ursprungs, ihre Heimat.

Für heutige Mönche tut sich eine enorme Spannung auf zwischen dem so konzipierten monastischen Ideal und den vorherrschenden Geistesströmungen unserer Zeit, deren Leitworte etwa heißen: Humanismus – Humanität, Säkularismus, Entwicklung, sozialer Fortschritt, Revolution, technische Perfektion. Die Psychologie, Soziologie, Politik, die moderne Arbeitswelt, die Spiritualität der Ehe geben oberste Leitlinien an. So stellt sich die Frage der Anpassung für die Mönche in besonderer Schärfe, anders noch als in der Kirche im Allgemeinen. Sie führt uns aber gerade zur weiteren Teilantwort der Frage vom Auftrag des Mönchtums in der modernen Welt. Diese Antwort ist in unserem Zusammenhang sowohl in der Treue zur Tradition wie in der liebenden und vertrauenden Zuwendung zu unserer Zeit zu sehen. Die vielbesprochene Öffnung der Kirche zur modernen Welt hin kann für Mönche nur möglich sein auf der Grundlage, dass das Verhältnis zur Tradition ausgewogen bleibt. Vielleicht darf man sagen, dass heute den Mönchen vor allem die Aufgabe obliegt, die Werte der christlichen Tradition lebendig zu erhalten. Tradition heißt ja nicht – nach einem treffenden Wort Kardinal Höffners –, Asche zu verwahren, sondern Glut weiterzutragen. Zwar sind viele Elemente der Tradition den modernen Tendenzen zum Teil fremd oder laufen ihnen zuwider. Aber gerade das ist ein Grund, sie nicht unbedacht aufzugeben, um unsere Zeit mit Werten anzureichern, die ihr notwendig fehlen; – als Ergänzung, die zum Gleichgewicht verhilft.

Selbstverständlich soll diese Art der Traditionsgebundenheit nicht eine allgemeingültige Regel in der Kirche sein. Von Mönchen aber wird man die Beachtung gerade dieses Aufbauelementes einer gesunden Weiterentwicklung zu Recht erwarten dürfen. Das gehört zum Auftrag des Mönchtums heute, damit wir in den Kirchen nicht Einseitigkeiten und damit der Bedeutungslosigkeit verfallen. Diese Treue zur Vergangenheit dürfen wir als einen nicht zu unterschätzenden Dienst an der Gegenwart verstehen. Sie bedeutet auch keine Ablehnung unserer Zeit und keine feindliche Einstellung ihr gegenüber. Sie strebt keinen bloßen

»Konservatismus« an. Das tiefste Motiv der Treue zur Tradition ist gerade die Liebe zu unserer Zeit.

Ein amerikanischer Soziologe behauptet, unsere Epoche sei durch die Unfähigkeit charakterisiert, das Empfangene weiterzugeben; das sei ein Wesensmerkmal einer sterbenden Zivilisation. Es ist tatsächlich eine auffallende Erscheinung, dass viele Zeitgenossen nur das von der Tradition beibehalten wollen, was ihnen unmittelbar verständlich und nützlich ist. Alles andere droht weggeworfen zu werden. Wir Heutigen können ein tradiertes Gut schwerlich schützen und weitergeben, sobald es uns undurchsichtig oder lästig erscheint. Nur dürfen gerade Mönche diesen Tendenzen nicht unbesonnen nachgeben. Sie dürfen am wenigsten einem kurzsichtigen Rationalismus und Utilitarismus verfallen; denn das jeweils augenblickliche Verständnis ist nicht allein maßgebend und nicht absolut zu setzen. Es geht darum, unersetzliche Verluste zu verhindern.

Allerdings darf man eine Tradition nicht mechanisch bewahren wollen. Und die Fragen, welche Lebensformen Mönche von heute neu finden müssen, wie sie sich konkret der Zeit öffnen und anpassen, ist ein eigenes Thema. Aber es bleibt bemerkenswert: Gerade die Geschichte des benediktinischen Mönchtums ist eine beispielhafte Illustration, wie lebendige Gemeinschaften zu den nach vorwärts drängenden Kräften gehören. Die Regel Benedikts bietet in ihrer Weite und Weisheit den größtmöglichen Spielraum, ja die Aufforderung zur zeitnahen und ortsbedingten Änderung und Anpassung. Ja, man muss Änderungen vornehmen, und man muss sich ändern, um die Identität zu bewahren. Das ist eine geschichtliche Binsenwahrheit. Es gilt, sich den neuen Problemen zu stellen und sich mit der Zeit zu wandeln. Es geht ja nicht um eine museale Archäologie um ihrer selbst willen. Es sollen auch keine Bräuche oder Gewohnheiten beibehalten werden, ohne deren Bedeutung und Bedeutungswandel zu überdenken. Neue Ausdrucksformen sind immer wieder notwendig. Das Gottsuchen muss im Kontext mit der Zeit und ihren Strömungen geschehen; denn der Mensch existiert in der Zeit. Ganz anders sind etwa heute die wirtschaftlichen Grundlagen eines Mönchsklosters zu bedenken als noch vor wenigen Jahrzehnten. Es geht ja nicht nur darum, etwa den Lebensunterhalt zu sichern, sondern einen Beitrag zu leisten zu den Bemühungen der Kirche, ihre Sendung in dieser Zeit zu erfüllen. Das wird auch von den Frauenklöstern noch weiter zu bedenken sein.

So müssen also die Spannungsbögen zwischen Tradition und Fortschritt, zwischen lebendiger Geschichtsbezogenheit und planender Zukunftsorientierung von Mönchen in eigener Weise durchgetragen und durchgehalten werden – und das als Dienst für die moderne Welt.

Diese erwartet heute von den Mönchen im Einzelnen nicht mehr das gleiche wie vor 1000 Jahren, nicht einmal das gleiche wie noch vor 50 Jahren. Unentbehrlich aber bleibt das zeichenhafte Leben nach dem Evangelium in brüderlicher Gemeinschaft, ihre Bezogenheit auf die Heilsgüter der kommenden Welt und ihre daraus sich ergebende mitmenschliche Offenheit zu den Brüdern und Schwestern ihrer Umwelt. »Der neue Stil monastischen Lebens zeichnet sich bereits am deutlichsten in jener dritten Welt ab, die neben der alten Welt des christlichen Abendlandes und der zweiten Welt einer nach marxistischen Vorstellungen geprägten Menschheit der Freiheitsraum ist, in dem Christentum ohne allzu viel historischen Ballast noch Chancen hat, wirksam zu werden. Und vielleicht gelingt es sogar, von daher die Verkrustungen jener anderen beiden Welten aufzulockern und Vergangenheit und Gegenwart einmünden zu lassen in eine neue Offenheit mitmenschlicher Beziehungen, wie sie Sankt Benedikt gemeint haben mag, wenn er schrieb, die Mönche sollten der Liebe zu Christus nichts vorziehen. Denn Christus ist der Beziehungspunkt, an dem der Vater seine Welt in Liebe heimholt« (Paulus Gordan).

Es entspricht zugleich den Auffassungen vom Dienstcharakter aller Funktionen im Sinn des Zweiten Vatikanischen Konzils und im Sinn des biblischen Brudergedankens – Christen sind »Brüder« –, wenn das brüderliche Leben im Kloster und der Auftrag der Klöster für die Welt im Zeichen des Dienstes stehen. Die Dienenden und denen der Dienst gilt, sind sich im Zeugnis für den Herrn verbunden, welcher der Diener aller sein wollte. So kann Auferbauung einer neuen Welt geschehen im Geist, in der Liebe und im Frieden. Muss es nicht solche Stätten christlicher Lebensordnung geben in einer Welt, in welcher der Terror schreckt, die

Verzweiflung wächst und zum Beispiel die Drogenabhängigkeit zu einem weltumspannenden Menschheitsproblem wird? Das Mönchtum hat als ein christlicher Lebensentwurf also eine eigene Akzentuierung der Weltverantwortung. Die nur diesseitige Orientierung wird aufgebrochen. In den Zeichen des Hörens und Glaubens, der freien Verfügbarkeit durch Besitzlosigkeit und Ehelosigkeit wird ein unübersehbares Zeichen der eschatologischen Hoffnung des Christen gesetzt. Wie sehr das zur Konfrontation, zum Fragen und Bedenken führt, erleben Klöster gerade von Seiten der heutigen Jugend täglich. In seiner Existenz ist das Mönchtum eine Provokation, eine Herausforderung für die Frage nach Gott, also ein Anstoß zum Gottsuchen. Deshalb ist es eine Gewissensfrage an die Klöster, ob sie Stätten sind, an denen die Menschen Gott begegnen in der Begegnung mit den Menschen, die ihr Leben der Gottsuche weihen und gleichzeitig in der Tiefe das der Menschengemeinschaft mitleben. Ich denke an das Wort des Kardinals Suhard (1874–1949), »dass ein solches Leben unerklärlich ist, wenn es keinen Gott gibt«. Und ich erinnere mich an das Bekenntnis eines jugendlichen Zeitgenossen: »Ich bin gezwungen, mich mit Gott zu beschäftigen, ihretwegen, wie sie da sind.«

Die Mönchsorden sind früh erkannt worden als mögliche Brückenbauer, Friedensstifter und Vermittler. In der ökumenischen Arbeit stehen sie von Anfang an in den vordersten Linien. Ganze Klöster haben sich diesem Vermittlerdienst in besonderer Weise gewidmet. Bezeichnenderweise ist auch eines der Hauptkennzeichen der genannten Communauté von Taizé auf evangelischer Seite die ökumenische Ausrichtung. Mönche erscheinen als Vermittler zwischen den Konfessionen besonders geeignet, weil ihr Ursprung noch in der gemeinsamen Kirche liegt; und als Vermittler zu den anderen Religionen, weil das Gemeinsame des Mönchtums trägt; und als Vermittler unter den pluriformen und polarisierenden Kräften der Gegenwart, weil sie als einigendes Element zum Frieden gelten.

Nicht nur die Geschichte zeigt, welche Anziehungskraft und Ausstrahlungsmöglichkeit das Mönchtum hat. Wir sehen heute, welche Bedeutung ihm in der Gegenwart wieder zugemessen wird. Gerade der Christ, der heute mit großer Eindringlichkeit sich seiner Verantwortung für die Welt bewusst ist und seinen Dienst »in der Welt« leisten will, sucht Wege und Gelegenheiten zur Meditation, »das Kloster auf Zeit«, die »Oase der Stille«, die Orte und Zeiten der Besinnung. Übrigens ist auch der heute viel gefragte Zen-Buddhismus keine Philosophie, sondern letztlich der mönchischen Lebensform benachbart. Angesichts der gegenwärtigen lautstarken und lautlosen Revolutionen aller Lebensformen unserer sogenannten Leistungsgesellschaft kann der Blick auf ein Kloster, in dessen Gemeinschaft man Autorität und Brüderlichkeit, Ordnung und Freiheit, Gebet und Arbeit, Beständigkeit und ständige Erneuerung in Übereinstimmung zu leben versucht, letzte Weisung bedeuten.

So dürfen wir feststellen, dass das geistliche Leben in der Schule des heiligen Benedikt für jene, die heute darin leben, ein reiches Erbe und einen verpflichtenden Auftrag enthält. Für die »moderne Welt« dürfte das Mönchtum heute mehr denn je einen besonderen Auftrag haben. Es muss in eigener Weise »Salz« sein und bleiben.

Was Roger Schutz von der Kirche Christi sagt, kann auch mutatis mutandis vom Mönchtum gesagt werden: »O Kirche Christi, solltest du zu einem säkularisierten Ort geistlicher Öde werden, zur grauen Stätte weltlicher Anpassungsformen, beraubt der Zeichen der Begegnung mit dem Auferstandenen, ein Salz ohne Kraft? Solltest du zu einem starren und stereotypen Zerrbild der christlichen Gemeinschaft werden? Solltest du nicht mehr die Stätte sein, wo der Mensch gerufen ist, mit Mut und hohen Ansprüchen die Krise zu überwinden, so dass er dann durch den konkreten Akt seines Lebens zu den Menschen, seinen Brüdern, von seinem Warten auf das Ereignis Gottes reden kann, und ihnen die Gewissheit einer Präsenz bezeugen kann, nämlich der des Auferstandenen? Solltest du nicht mehr der Ort sein, wo der Mensch imstande ist, den anderen aufzunehmen, Christus dem Menschen von heute mitzuteilen und das Evangelium in seiner ursprünglichen Frische zu leben?« (Warten auf das Ereignis Gottes, S. 122)

Zur Statistik der benediktinischen Klöster

Benedikt war kein »Ordensgründer« im heutigen Verständnis. Er hat in Montecassino ein Mönchskloster gegründet, und er hat eine Regel für Mönchsgemeinschaften geschrieben. Einen zentralisierten »Benediktinerorden« gibt es bis zur Stunde nicht. In Wirklichkeit ist es so: In aller Welt gibt es Mönchsklöster, die nach der Regel Benedikts zu leben versuchen; und das in sehr verschieden ausgeprägten Formen. Im Lauf der Zeit entwickelten sich wiederholt Klosterverbände. Tochtergründungen bildeten mit dem Mutterkloster eine gewisse Einheit, oder aus anderen Anlässen schlossen sich mehrere Klöster zusammen. Dennoch bildete meistens jedes Kloster eine Einheit für sich. Heute gibt es 21 Kongregationen. In ca. 250 Klöstern leben etwa 9000 Mönche. Erst 1893 schlossen sich die meisten Klöster beziehungsweise Kongregationen auf Wunsch des Papstes Leo XIII. zur benediktinischen Konföderation zusammen, der ein gewählter Abt-Primas vorsteht.

Außerdem gibt es die nach der Regel Benedikts lebenden und etwas mehr zentralistisch organisierten Zisterzienser. Diese zählen in 12 Kongregationen und 62 Klöstern etwa 1200 Mönche. Die reformierten Zisterzienser, Trappisten genannt, zählen in 89 Klöstern ca. 3000 Mönche.

8000 Nonnen leben in über 300 benediktinischen Frauenklöstern. Dazu haben in über 520 Häusern 11000 Schwestern als Schwesterngemeinschaften, Regularoblatinnen oder Institute die Regel Benedikts als Grundnorm ihrer Lebensform angenommen.

Die Zisterzienserinnen zählen in 54 Frauenklöstern 2000 Nonnen.

Allein in der Bundesrepublik Deutschland gibt es im Jahr 1995 dreißig Benediktinerklöster mit ca. 1100 Mönchen, von denen etwa die Hälfte Priester sind. Dazu kommen ca. 100 Zisterzienser und Trappisten.

Klöster nach der Regel des hl. Benedikt im deutschen Sprachgebiet

Benediktiner in Deutschland

Bayerische Kongregation

1 Abtei St. Michael, Abteistraße 3, 94526 Metten, www.kloster-metten.de, benediktinerstift-metten@t-online.de

2 Abtei St. Stephan, Stephansplatz 6, 86152 Augsburg, www.st-stephan.de, abtei@st-stephan.de

3 Abtei Mariä Himmelfahrt und zum Heiligen Kreuz, 85297 Scheyern, www.kloster-scheyern.de, info@kloster-scheyern.de

4 Abtei St. Georg, Asamstraße 32, 93309 Weltenburg, www.kloster-weltenburg.de, abtei-weltenburg@t-online.de

5 Abtei St. Bonifaz, Karlstraße 34, 80333 München, www.sankt-bonifaz.de, abtei@sankt-bonifaz.de

6 Priorat zu den hll. Nikolaus und Elisabeth, Bergstraße 2, 82346 Andechs, www.andechs.de, info@andechs.de

7 Abtei zu den hll. Dionysius und Juliana in Schäftlarn, 82067 Ebenhausen, www.abtei-schaeftlarn.de, verwaltung@abtei-schaeftlarn.de

8 Abtei zu den heiligsten Herzen Jesu und Mariä, Kaiser-Ludwig-Platz 1, 82488 Ettal, www.kloster-ettal.de, verwaltung@kloster-ettal.de

9 Priorat Wechselburg, Markt 12, 09306 Wechselburg, www.kloster-wechselburg.de, benediktiner@kloster-wechselburg.de

10 Abtei (zu den beiden Jungfäulichen zu) Plankstetten, Klosterplatz 1, 92334 Berching, www.kloster-plankstetten.de, info@kloster-plankstetten.de

11 Abtei zu den hll. Alexander und Theodor, Sebastian-Kneipp-Straße 1, 87724 Ottobeuren, www.abtei-ottobeuren.de, bildungshaus@abtei-ottobeuren.de

12 Abtei St. Mauritius zu Niederaltaich, Mauritiushof 1, 94557 Niederalteich, www.abtei-niederaltaich.de, abtei@abtei-niederaltaich.de

13 Abtei zum hl. Wenzel zu Braunau in Rohr, Abt-Dominikus Prokop-Platz 1, 93352 Rohr, www.kloster-rohr.de, tagungshaus@kloster-rohr.de

Beuroner Kongregation

14 Erzabtei St. Martin, Abteistraße 2, 88631 Beuron, www.erzabtei-beuron.de, verwaltung@erzabtei-beuron.de

15 Cella St. Benedikt, Eginostraße 19, 78479 Reichenau, www.benediktiner-reichenau.de, p.stephan@benediktiner-reichenau.de

16 Abtei Maria Laach, 56653 Maria Laach, www.maria-laach.de, abtei@maria-laach.de

17 Abtei St. Joseph zu Gerleve, 48727 Billerbeck, www.abtei-gerleve.de, kontakt@abtei-gerleve.de

18 Abtei St. Ulrich und Afra, 73450 Neresheim, www.abtei-neresheim.de, verwaltung@abtei-neresheim.de

19 Abtei St. Bartholomäus zu Neuburg, Stiftsweg 2, 69118 Heidelberg, www.abtei-neuburg.de

20 Abtei St. Mauritius, Im Kloster 11, 66636 Tholey, www.abtei-tholey.de, info@abtei-tholey.de

21 Konventualpriorat St. Ansgar, Kloster Nütschau, Schloßstraße 30, 23843 Travenbrück, www.klosternuetschau.de, info@klosternuetschau.de

(in Österreich: Abtei zu Unserer Lieben Frau, A-8732 Seckau, www.abtei-seckau.at, verwaltung@abtei-seckau.at)

Kongregation von St. Ottilien

22 Erzabtei Herz Jesu, 86941 St. Ottilien, www.erzabtei.de, webmaster@erzabtei.de

23 Priorat Jakobsberg, 55435 Gau-Algesheim, www.klosterjakobsberg.de, mail@klosterjakobsberg.de

24 Abtei St. Felicitas, Schweinfurter Straße 40, 97359 Münsterschwarzach, www.abtei-muensterschwarzach.de

25 Priorat St. Benedikt, Benediktinermissionare, Benediktstraße 19, 49394 Damme, www.benediktiner-damme.de, kloster@benediktiner-damme.de

26 Haus St. Benedikt, St. Benediktstraße 1, 97072 Würzburg, www.haus-benedikt.net

27 Abtei Königsmünster, Klosterberg 11, 59851 Meschede, www.abtei-kornelimuenster.de, benediktiner@abtei-kornelimuenster.de

28 Cella St. Benedikt, Voßstraße 36, 30161 Hannover, www.cella-sankt-benedikt.de, cella@t-online.de

29 Abtei zur Hl. Dreifaltigkeit, Schweiklberg 1, 94471 Vilshofen, www.schweiklberg.de, abt.rhabanus@schweiklberg.de

(in Österreich: Abtei St. Georgenberg-Fiecht, 6130 Schwaz, www.tirol.com/st-georgenberg-fiecht, info@st-georgenberg.at

in der Schweiz: Abtei St. Otmarsberg, St. Otmarsberg 1, 8730 Uznach, www.abtei-uznach.ch, st.otmarsberg@abtei-uznach.ch)

Sublazenser Kongregation

30 Abtei St. Michael, Michaelsberg, 53721 Siegburg, www.abtei-michaelsberg.de, kontakt@abtei-michaelsberg.de

31 Abtei Kornelimünster (hll. Benedikt von Aniane und Cornelius), Oberforstbacher Straße 71, 52076 Aachen, www.abtei-kornelimuenster.de, benediktiner@abtei-kornelimuenster.de

Kongregation von der Verkündigung Mariens

32 Abtei St. Matthias, Matthiasstraße 85, 54290 Trier, www.abteistmatthias.de, benediktiner@abteistmatthias.de

33 Priorat Mariä Aufnahme, Huysburg, 38838 Röderhof bei Halberstadt, www.huysburg.de, mail@huysburg.de

Benediktinerinnen in Deutschland

Konföderation der Bayerischen Benediktinerinnenabteien

34 Abtei St. Walburg, Walburgiberg 6, 85072 Eichstätt, www.abtei-st-walburg.de, kloster.st.walburg@bistum-eichstaett.de

35 Abtei Frauenwörth im Chiemsee, 83256 Frauenchiemsee, www.frauenwoerth.de, klosterverwaltung@frauenwoerth.de

36 Abtei St. Gertrud, Hauptstraße 2, 94167 Tettenweis, www.sankt-gertrud.de, kontakt@sankt-gertrud.de

37 Abtei Maria Frieden, Kirchschletten 30, 96199 Zapfendorf, www.abtei-maria-frieden.de, abtei@abtei-maria-frieden.de

(in Österreich: Abtei Nonnberg, Nonnberggasse 2, 5020 Salzburg, www.benediktinerinnen.de/nonnberg, verwaltung.nonnberg@aon.at)

Beuroner Kongregation

38 Abtei St. Hildegard zu Eibingen, Klosterweg 1, 65385 Rüdesheim/Rhein, www.abtei-st-hildegard.de, benediktinerinnen@abtei-st-hildegard.de

39 Abtei vom Hl. Kreuz zu Herstelle, Carolus-Magnus-Straße 9, 37688 Beverungen, www.abtei-herstelle.de, benediktinerinnen@abtei-herstelle.de

40 Abtei St. Erentraud, Kellenried 3, 88276 Berg, www.abtei-kellenried.de, info@abtei-kellenried.de

41 Abtei zur hl. Maria, Kloster Engelthal, 63674 Altenstadt, www.abtei-kloster-engelthal.de, gaestehaus@kloster-engelthal.de

42 Abtei Unserer Lieben Frau zu Varensell, Hauptstraße 53, 33397 Rietberg, www.abtei-varensell.de, verwaltung@abtei-varensell.de

43 Abtei zur hl. Maria, Nonnengasse 16, 36037 Fulda, www.abtei-fulda.de, info@abtei-fulda.de

44 Priorat Unserer Lieben Frau, Kloster Marienrode, Auf dem Gutshof, 31139 Hildesheim, www.kloster-marienrode.de, verwaltung@kloster-marienrode.de

(in Italien: Abtei vom Hl. Kreuz, Säben, 39043 Klausen (Südtirol), www.benediktiner-orden.de/saeben

in Dänemark: Priorat »Vor Frue Kloster« Åsebakken, Høsterkøbvej 3, 3460 Birkerød, www.vorfruekloster@aasebakken.dk)

Außerhalb von Kongregationen

45 Abtei Mariendonk, Niederfeld 11, 47906 Grefrath, www.mariendonk.de, benediktinerinnen@mariendonk.de

46 Priorat Unserer Lieben Frau, Klosterstraße 11, 88356 Ostrach-Habsthal, www.kloster-habsthal.de, info@kloster-habsthal.de

47 Abtei Maria Heimsuchung, Hermann-Josef-Straße 6, 53925 Kall-Steinfeld, www.benedikinerinnen-steinfeld.de, gaestehaus@benediktinerinnen-steinfeld.de

48 Abtei St. Scholastika, Burg Dinklage, Burgallee 3, 49413 Dinklage, www.abteiburgdinklage.de, abtei@abteiburgdinklage.de

49 Abtei St. Gertrud, Alexanderdorf, Klosterstraße 1, 15838 Am Mellensee, www.kloster-alexanderdorf.de, abtei@kloster-alexanderdorf.de

Benediktinerinnen vom Hl. Sakrament

50 Abtei vom Hlst. Sakrament, Kloster Vinnenberg, Beverstrang 37, 48231 Warendorf-Mitte, www.kloster-vinnenberg.de, info@kloster-vinnenberg.de

51 Benediktinerinnenpriorat v. Hlst. Sakrament, Hasetorwall 22, 49076 Osnabrück, www.benedikinerinnen-osnabrueck.de, kloster@benediktinerinnen-osnabrueck.de

52 Priorat Kreitz, Am Kreitz 1, 41472 Neuss, www.benedikinerinnen-neuss.de, info@benediktinerinnen-neuss.de

53 Abtei vom Hlst. Sakrament, Brühler Str. 74, 50968 Köln, www.benediktinerinnen-koeln.de, kloster@benediktinerinnen-koeln.de

54 Priorat vom Hlst. Sakrament, Kloster Bethanien, Domänenstraße 98, 54295 Trier-Kürenz, www.benediktinerinnen-trier.de, info@benediktinerinnen-trier.de

55 Kloster Marienburg, Klosterstraße 6, 79793 Wutöschingen-Ofteringen (Schweiz. Kongregation)

Anbetungsschwestern

56 Benediktinerinnen der Anbetung, Kloster St. Scholastika Neustift, Klosterberg 25, 94496 Ortenburg, www.kloster-neustift.de, priorat@kloster-neustift.de

Missionsbenediktinerinnen

57 Kloster der Missionsbenediktinerinnen, Bahnhofsstraße 3, 82327 Tutzing (mit abhängigen Häusern), www.missions-benediktinerinnen.de, information@missions-benediktinerinnen.de

Benediktinerinnen von St. Alban

58 Kloster der Benediktinerinnen von St. Alban, 86911 Dießen am Ammersee, www.kloster-st-alban.de

Benediktinerinnen von der hl. Lioba

59 Kloster St. Lioba, Riedbergstraße 1, 79100 Freiburg-Günterstal, www.kloster-st-lioba.de, info@kloster-st-lioba.de

60 Heimschule Kloster Wald, Von-Weckenstein-Straße 2, 88639 Wald, www.heimschule-kloster-wald.de, info@heimschule-kloster-wald.de

Säkularinstitute

61 Institut St. Bonifatius e.V., Auf dem Kupferberg 1, 32758 Detmold, www.institut-st-bonifatius.de, Institut_St._Bonifatius@t-online.de

62 Kommunität Venio OSB, Döllingerstraße 32, 80639 München, www.kommunitaet-venio-osb.de, kommunitaet.venio@t-online.de

Benediktiner in Österreich

Österreichische Kongregation

1 Erzabtei St. Peter, Postfach 113, 5010 Salzburg, www.stift-stpeter.at, stift-stpeter@aon.at

2 Kolleg St. Benedikt, St.-Peter-Bezirk 8-9, 5020 Salzburg, kolleg@benediktiner.at

3 Abtei Kremsmünster, 4550 Kremsmünster, www.stift-kremsmuenster.at, abtei@stift-kremsmuenster.at

4 Abtei Michaelbeuern, 5152 Michaelbeuern, www.abtei-michaelbeuern.at, abtei@abtei-michaelbeuern.at

5 Abtei, Klosterplatz 1, 4650 Lambach, www.stift-lambach.at, info@stift-lambach.at

6 Abtei St. Blasius, 8911 Admont 1, www.stiftadmont.at, abt.bruno@stiftadmont.at

7 Abtei St. Lambrecht, Hauptstraße 1, 8813 St. Lambrecht, www.stift-stlambrecht.at, kanzlei@stift-stlambrecht.at

8 Superiorat Mariazell, Kardinal-Eugen-Tisserant-Platz 1, 8630 Mariazell, www.basilika-mariazell.at, office@basilika-mariazell.at

9 Abtei, Abt-Berthold-Dietmayr-Straße 1, 3390 Melk, www.stiftmelk.at, zentraldirektion@stiftmelk.at

10 Abtei St. Paul, Hauptstraße 1, 9470 St. Paul im Lavanttal, www.stift-stpaul.at, forst@stift-stpaul.at

11 Abtei Göttweig, 3511 Furth, www.stiftgoettweig.at, info@stiftgoettweig.at

12 Abtei, Am Klosterberg 1, 3353 Seitenstetten, www.stift-seitenstetten.at, wirtschaftskanzlei@stift-seitenstetten.at

13 Stift Altenburg, Abt Placidus Much Straße 1, 3591 Altenburg, www.stift-altenburg.at, info@stift-altenburg.at

14 Abtei U.L.F. zu den Schotten, Freyung 6, 1010 Wien, www.schottenstift.at, schotten@schottenstift.at

15 Konventualpriorat Gut Aich, Winkl 2, 5340 St. Gilgen, www.europakloster.com, klosterpforte@europakloster.com

16 Konventualpriorat Maria Roggendorf, Kloster St. Josef, Marienplatz 2, 2041 Maria Roggendorf, p.michael.fritz@aon.at

andere Kongregationen

17 Abtei St. Georgenberg-Fiecht, 6130 Schwaz, www.tirol.com/st-georgenberg-fiecht, info@st-georgenberg.at (Kongregation von St. Ottilien)

18 Abtei U.L.F., 8732 Seckau 1, www.abtei-seckau.at, verwaltung@abtei-seckau.at (Beuroner Kongregation)

Benediktinerinnen in Österreich

Nonnenkloster

19 Abtei Nonnberg, Nonnberggasse 2, 5020 Salzburg, www.benediktinerinnen.de/nonnberg, verwaltung.nonnberg@aon.at

Schwesternklöster

20 Benediktinerinnen des Unbefleckten Herzens Mariä, Kirchenplatz 2, 4652 Steinerkirchen a. d. Traun, www.benedikinerinnen.at, verwaltung@benediktinerinnen.at

21 Benediktinerinnen der Anbetung, Liebhartstalstraße 52, 1160 Wien, www.benedikinerinnen-wien.at, kloster@benediktinerinnen-wien.at

22 Priorat der Benediktinerinnen von der hl. Lioba, Kloster St. Gabriel, 8222 St. Johann bei Herberstein 7A, abtei.st.gabriel@utanet.at

Benediktiner in der Schweiz

Schweizerische Kongregation

1. Abtei, 8840 Einsiedeln,
www.kloster-einsiedeln.ch
2. Abtei Disentis, 7180 Disentis/Mustér,
www.kloster-disentis.ch, abtei@kloster-disentis.ch
3. Abtei, 6390 Engelberg,
www.kloster-engelberg.ch, info@kloster-engelberg.ch
4. Abtei, 4115 Mariastein,
www.kloster-mariastein.ch, info@kloster-mariastein.ch
5. Abtei, 8376 Fischingen,
www.klosterfischingen.ch, benediktiner@klosterfischingen.ch
6. (in Italien/Südtirol:
Abtei Marienberg, Schlinig 1, 39024 Mals,
www.marienberg.it, info@marienberg.it
7. Abtei Muri-Gries, 39100 Bozen,
www.muri-gries.com, info@muri-gries.com)

Kongregation von St. Ottilien

8. Abtei St. Otmarsberg, St. Otmarsberg 1, Postfach 135, 8730 Uznach,
www.abtei-uznach.ch, st.otmarsberg@abtei-uznach.ch
9. Abbaye St Benoît de Port-Valais, rte de l'Eglise 38, 1897 Le Bouveret
www.abbaye-saint-benoit.ch, portier@abbaye-saint-benoit.ch

Benediktinerinnen in der Schweiz

Nonnenklöster

10. Abtei St. Andreas, Brünigstraße 157, 6060 Sarnen,
www.frauenkloster-sarnen.de, sarnerjesuskind@bluewin.ch
11. Abtei St. Lazarus, 6462 Seedorf (Uri),
www.kloster-seedorf.de, info@kloster-seedorf.ch
12. Abtei St. Gallenberg Glattburg, 9245 Oberbüren (St. Gallen),
abteistgallenberg@bluemail.ch

13 Priorat Fahr, 8103 Unterengstringen,
www.kloster-fahr.ch, info@kloster-fahr.ch

14 Kloster zum hl. Johannes d.Täufer, 7537 Müstair,
www.muestair.ch, kloster@muestair.ch

15 Abtei St. Martin, Klosterhof 3, 5649 Hermetschwil,
kloster.hermetschwil@bluewin.ch

16 Kloster Maria Himmelfahrt, 6702 Claro/Tessin

17 Kloster, 6951 Cureglia/Tessin

Schwesternklöster der Ewigen Anbetung

18 Benediktinerinnenkloster zu Allen Heiligen in der Au, Austrasse 8,
8841 Einsiedeln-Trachslau,
www.kloster-au.ch, mail@kloster-au.ch

19 Kloster Maria-Rickenbach, 6383 Niederrickenbach,
www.maria-rickenbach.ch, mariarickenbach@bluewin.ch

20 Kloster St. Niklaus von Flüe, 6067 Melchtal,
www.kloster-melchtal.ch, osb@kloster-melchtal.ch

Missionsbenediktinerinnen

21 Missionshaus St. Gertrud, 6218 Ettiswil,
www.missions-benediktinerinnen.de/ettiswil, st.gertrud@bluewin.ch

22 Kloster Marienburg, 4806 Wikon

Olivetaner-Benediktinerinnen

23 Kloster Heiligkreuz, Lindencham, 6330 Cham,
www.kloster-heiligkreuz.ch, info@kloster-heiligkreuz.ch

Zisterzienser in Deutschland

Kongregation von Mehrerau

1 Abtei, Himmerod 3, 54534 Großlittgen,
www.kloster-himmerod.de, abtei.himmerod.gmbh@web.de

2 Abtei Marienstatt, 57629 Marienstatt,
www.abtei-marienstatt.de, kontakt@abtei-marienstatt.de

3 Priorat Birnau, Maurach 5, 88690 Uhldingen-Mühlhofen,
www.birnau.de, info@birnau.de

Österreichische Kongregation

4 Priorat, Am Varenholt 9, 44797 Bochum-Stiepel, www.kloster-stiepel.org,
info@kloster-stiepel.org (zu Heiligenkreuz/Wien)

Böhmische Kongregation

5 Kloster Langwaden, 41516 Grevenbroich,
www.klosterlangwaden.de, pforte@klosterlangwaden.de

Zisterzienserinnen in Deutschland

6 Abtei Lichtenthal, Hauptstraße 40, 76534 Baden-Baden,
www.abtei-lichtenthal.de, kontakt@abtei-lichtenthal.de

7 Abtei Seligenthal, Bismarckplatz 14, 84034 Landshut,
www.seligenthal.de, abtei@seligenthal.de

8 Abtei Oberschönenfeld, 86459 Gessertshausen,
www.abtei-oberschoenenfeld.de, abtei@abtei-oberschoenenfeld.de

9 Abtei St. Josef, Abteistraße 1, 94136 Thyrnau,
www.kloster-thyrnau.de, info@kloster-thyrnau.de

10 Abtei, Basilikaplatz 2, 95652 Waldsassen,
www.abtei-waldsassen.de

11 Abtei Marienthal, St. Marienthal 1, 02899 Ostritz,
www.kloster-marienthal.de, kloster-marienthal@t-online.de

12 Abtei St. Marienstern, Ćišinskistraße 35, 01920 Panschwitz-Kuckau,
www.marienstern.de

Zisterzienser in Österreich

Österreichische Kongregation

1 Stift, Rein 1, 8103 Rein,
www.stift-rein.at, info@stift-rein.at

2 Stift, 2532 Heiligenkreuz im Wienerwald,
www.stift-heiligenkreuz.org, information@stift-heiligenkreuz.at

3 Stift, Stift Zwettl 1, 3910 Zwettl,
www.stift-zwettl.at, info@stift-zwettl.at

4 Stift, Linzer Straße 4, 4073 Wilhering,
www.stiftwilhering.at, abteibuero@stiftwilhering.at

5 Stift, Klosterrotte 1, 3180 Lilienfeld/NÖ.
www.stift-lilienfeld.at, pforte@stift-lilienfeld.at

6 Stift, Klosterstraße 1, 4553 Schlierbach,
www.stift-schlierbach.at, office@stift-schlierbach.at

7 Stift Neukloster, Neuklostergasse 1, 2700 Wiener-Neustadt,
www.neukloster.at, stift@neukloster.at

Kongregation von Mehrerau

8 Abtei Wettingen-Mehrerau, Mehrerauer Straße 66, 6900 Bregenz,
www.mehrerau.at, kloster.info@mehrerau.at

9 Stift, Stiftshof 1, 6422 Stams/Tirol,
www.stiftstams.at

Zisterzienserinnen in Österreich

10 Abtei Mariastern-Gwiggen, Gwiggen 1, 6914 Hohenweiler,
www.mariastern-gwiggen.at, pforte@mariastern-gwiggen.at

11 Abtei Marienkron, 7123 Mönchhof,
www.marienkron.at, reservierung@marienkron.at

12 Abtei Marienfeld, Maria Roggendorf, 2041 Wullersdorf,
www.kloster-marienfeld.at, info@kloster-marienfeld.at

13 (in Südtirol: Abtei Mariengarten, 39050 St. Pauls-Bozen,
www.mariengarten.it)

Zisterzienser in der Schweiz

1 Abbay d'Hauterive, Chemin de l'Abbaye 19, 1725 Posieux, www.abbaye-hauterive.ch, accueil@abbaye-hauterive.ch (Mehrerauer Kongregation)

Zisterzienserinnen in der Schweiz

2 Abtei Frauenthal, 6331 Hagendorn, www.frauenthal.ch, abtei@frauenthal.ch

3 Abtei Magdenau, 9116 Wolfertswil, www.kloster-magdenau.ch, magdenau@bluewin.ch

4 Abtei Mariazell, Kloster Wurmsbach, 8715 Bollingen, www.wurmsbach.ch, info@wurmsbach.ch

5 Abtei, Freiherrenweg 11, 6274 Eschenbach, www.kloster-eschenbach.ch, zist.esch@bluewin.ch

Trappisten in Deutschland

1 Abtei Mariawald, 52396 Heimbach, www.kloster-mariawald.de, info@kloster-mariawald.de

Trappistinnen in Deutschland

2 Abtei Maria Frieden, 53949 Dahlem, www.abtei-maria-frieden-ocso.de, mariafrieden.ocso@web.de

3 Kloster Gethsemani, Donnersbergstraße 19, 67814 Dannenfels, www.kloster-gethsemani.de, kloster-gethsemani@onlinehome.de

Trappisten in Österreich

1 Abtei Engelszell, 4090 Engelhartszell

Quellen und Literatur

Die Benediktsregel

Die Benediktusregel, lateinisch/deutsch, hg. im Auftrag der Salzburger Äbtekonferenz, Beuron 2006 (4. verbesserte Auflage).

Die Regel des hl. Benedikt (deutsch), hg. im Auftrag der Salzburger Äbtekonferenz, Beuron, 2006 (1. Auflage).

Die Benediktsregel. Eine Anleitung zu christlichem Leben. Der vollständige Text der Regel lateinisch–deutsch, übersetzt und erklärt von G. Holzherr, Zürich – Einsiedeln – Köln 1982 (2. Auflage).

M. Puzicha, *Kommentar zur Benediktusregel*, St. Ottilien 2002.

M. Puzicha / J. Gartner, *Quellen und Texte zur Benediktusregel*, St. Ottilien, 2007.

Die Magisterregel

Die Regel des Magister oder die Regel der Heiligen Väter, übersetzt von A. Ohlmeyer, Münsterschwarzach 1974.

Die Magisterregel, Einführung und Übersetzung, von K. S. Frank, St. Ottilien 1989.

Die Vita Benedicti Gregors des Großen

Gregors des Großen Dialoge II (zitiert: *Vita*):
Gregorii Magni Dialogi liber II, ed. U. Moricca, Rom 1924.

Grégoire le Grand, Dialogues.
Tome I: Introduction, Bibliographie et Cartes par Adalbert de Vogüé, Paris 1978.
Tome II: Texte critique et Notes par Adalbert de Vogüé,Traduction par Paul Antin, Paris 1979.

Gregor der Große, Leben des Benedictus, übersetzt und eingeleitet von Fr. van der Meer und G. Bartelink, St. Ottilien 1979.

Benedictus. Eine Bildbiographie nach dem II. Buch der Dialoge Gregors des Großen, hg. und eingeleitet von E. Jungclaussen. Mit Bildern von Claudia Pastro, Regensburg 1980.

Gregor der Große, Der hl. Benedikt. Buch II der Dialoge, lateinisch / deutsch, hg. im Auftrag der Salzburger Äbtekonferenz, St. Ottilien 1995.

Literatur

C. Bamberg, *Unter der Führung des Evangeliums*, Würzburg 1980.

C. Bamberg, *Mönchtum in einer heimatlosen Welt*, Würzburg 1984.

G. Barbier, *An Gott Gefallen finden.* Betrachtungen im Geist des hl. Benedikt, München 1979.

Benedictus. Der Vater des Abendlandes, hg. von H. S. Brechter, St. Ottilien 1947.

L. Bouyer, *Vom Geist des Mönchtums*, Salzburg 1958.

G. Braulik (Hg.), *Herausforderung der Mönche.* Benediktinische Spiritualität heute, Wien 1979.

Der heilige Benedikt von Nursia. Eine Lebensweisheit für heute, Straßburg 1994.

B. Doppelfeld, *Der Weg zu seinem Zelt.* Der Prolog der Regula Benedicti als Grundlage geistlicher Übungen, Münsterschwarzach 1979.

B. Doppelfeld, *Höre, nimm an, erfülle.* St. Benedikts Grundakkord geistlichen Lebens, Münsterschwarzach 1979.

E. Dubler, *Das Bild des heiligen Benedikt bis zum Ausgang des Mittelalters*, St. Ottilien 1953.

K. S. Frank, *Grundzüge der Geschichte des christlichen Mönchtums*, Darmstadt 1975.

E. Friedmann, *Mönche mitten in der Welt.* Vom Weltverhältnis der Mönche, Münsterschwarzach 1980.

Geistliche Wegweisung. Directorium spirituale für die Beuroner Kongregation, Beuron 1984,

Germania Benedictina, St. Ottilien 1970 ff.

Gerufen von Gott. Der Weg des hl. Benedikt für unsere Zeit. Die Satzungen der Bayerischen Benediktiner-Kongregation (Spiritueller Teil), St. Ottilien 1979.

A. Grün, *Benedikt von Nursia* – Seine Botschaft für heute, Münsterschwarzach 1979.

K. Hallinger, *Papst Gregor der Große und der heilige Benedikt*, Rom 1957 (Studia Anselmiana 42).

K. Hallinger, *Benedikt von Monte Cassino.* Sein Aufstieg zur Geschichte, zu Kult und Verehrung, in: RBS 10/11 (1981/82) 77–89.

I. Herwegen, *Sinn und Geist der Benediktinerregel*, Einsiedeln 1944.

I. Herwegen, *Der heilige Benedikt.* Ein Charakterbild, Düsseldorf 1951 (4. Auflage).

E. Heufelder *Der Weg zu Gott nach der Regel des heiligen Benedikt*, Würzburg 1964 (2. Auflage).

E. Heufelder, *Weite des Herzens.* Meditationen über den Geist der Benediktusregel, Regensburg 1971.

G. B. Hume, *Gott suchen*, Einsiedeln 1979.

O. Jaspert, *Die Regula Benedicti – Regula Magistri-Kontroverse*, Hildesheim 1975.

E. Jungclaussen, *Worte der Weisung*, Die Regel des heiligen Benedikt als Einführung ins geistliche Leben, Freiburg 1980.

S. Kleiner, *Dieu premier servi.* Entretiens spirituels sur la Règle de S. Benoît, Paris 1974. Deutsch: *Zuerst Gott dienen.* Geistliche Gespräche über die Regel des hl. Benedikt. Übersetzung und Manuskript besorgt von der Abtei Seligenthal, Landshut.

S. Kleiner, *In der Einheit des Hl. Geistes.* Geistl. Gespräche über die Regel des hl. Benedikt, Beuron 1985.

D. Knowles, *Geschichte des christlichen Mönchtums*, München 1969 (Kindlers Universitätsbibliothek).

C. E. Kunz, *Schweigen und Geist.* Biblische und patristische Studien zu einer Spiritualität des Schweigens, Freiburg – Basel – Wien 1996.

J. Leclercq, *Wissenschaft und Gottverlangen.* Zur Mönchstheologie des Mittelalters, Düsseldorf 1963.

T. Merton, *Wir suchen Jesus, den Christus.* Grundlegungen monastischer Spiritualität, Trier 1972.

W. Nigg / H. N. Loose, *Benedikt von Nursia.* Der Vater des abendländischen Mönchtums, Freiburg 1979.

W. Nigg, *Lehrmeister der Christenheit in verwirrter Zeit.* Benedikt von Nursia (Herderbücherei 871), Freiburg 1981.

S. Pawlowsky, *Die biblischen Grundlagen der Regula Benedicti*, Wien 1965.

F. Prinz, *Frühes Mönchtum im Frankenreich*, München – Wien 1965.

F. Prinz, *Mönchtum und Gesellschaft im Frühmittelalter*, Darmstadt 1976.

RBS – *Regulae Benedicti Studia. Annuarium Internationale*, hg. von B. Jaspert und E. Manning, Hildesheim 1972 ff.

L. Salvatorelli, *Benedikt, der Abt des Abendlandes*, Hamburg 1937.

G. u. Th. Sartory, *Benedikt von Nursia – Weisheit des Maßes* (Herderbücherei 884), Freiburg 1981.

Ph. Schmitz, *Geschichte des Benediktinerordens*, 7 Bde., Einsiedeln 1947 ff.

H. Schürmann, *Der Jüngerkreis Jesu als Zeichen für Israel und als Urbild des kirchlichen Rätestandes*, in: Geist und Leben 1963, S. 21–35.

Chr. Schütz, *Überlegungen zum spirituellen Anspruch des hl. Benedikt heute*, in: Consuetudines Monasticae (Festgabe Hallinger; Studia Anselmiana 85), hg. von J. F. Angerer und J. Lenzenweger, Rom 1982, S. 397–412.

B. Senger, *Sankt Benedikt, Prophet und Vater vieler Völker*, Essen 1963.

B. Senger, *Benedikt von Nursia*, in: Die Großen der Weltgeschichte (Kindlers Enzyklopädie II, S. 714–731), Zürich 1972.
Jetzt auch in: Exempla historica. Epochen der Weltgeschichte in Biographien. Band 7, S. 155 –182 (Fischer Taschenbuch), Frankfurt 1985.

B. Steidle (Hg.), *Regula Magistri – Regula S. Benedicti*, Rom 1959 (Studia Anselmiana 44).

B. Steidle, *Beiträge zum alten Mönchtum und zur Benediktusregel* mit einem Vorwort und einer Einführung herausgegeben von U. Engelmann, Sigmaringen 1985.

J. F. Tschudy / F. Renner, *Der heilige Benedikt und das benediktinische Mönchtum*, St. Ottilien 1979.

M. Villen/ K. Rahner, *Askese und Mystik in der Väterzeit*, Freiburg 1939.

Vir Dei Benedictus. Eine Festgabe zum 1400. Todestag des heiligen Benedikt. Dargeboten von Mönchen der Beuroner Kongregation. Hg. von R. Molitor, Münster 1947.

A. de Vogüé, *La communauté et l'abbé dans la règle de saint Benoît*, Paris 1961.

A. de Vogüé, *La règle de saint Benoît*, 7 Bde., Paris 1972–1977.

A. de Vogüé, *Saint Benoît. Sa vie et sa Règle*, Abbaye de Bellefontaine 1981.

A. de Vogüé, *Die Regula Benedicti*. Theologisch-spiritueller Kommentar (RBS Supplementa, hg. von B. Jaspert. Bd. 16), Hildesheim 1983.

A. de Vogüé, *La Maître, Eugippe et saint Benoît*. Recueil d'articles (RBS 17), Hildesheim 1984.

A. Waldstein-Wartenberg / R. P. Litzenburger, *Benedikt, Angebot eines Lebens in Bild und Betrachtung*, Luzern/München 1973.

P. Weissenberger, *Das benediktinische Mönchtum im 19. und 20. Jahrhundert*, Beuron 1953.

Zeugnis des Geistes. Gabe zum Benedictus-Jubiläum 547–1947. Dargeboten von der Erzabtei Beuron, Beuron 1947.

Benediktinische Gemeinschaft im deutschsprachigen Raum:
Faltkarte 46 × 69,5 cm, Abtei Mariendonk, 2004.

A. Böckmann, *Perspektiven der Regula Benedicti*. Ein Kommentar zum Prolog und den Kapiteln 53, 58, 72, 73 Münsterschwarzacher Studien, Bd. 37, Münsterschwarzach 1986.

A. Böckmann, *In Weisheit leiten*. Die Aufgabe des Abtes nach RB 64,17–19, Erbe und Auftrag 83 (2007) 255–263.

A. Böckmann, *Was ist guter Eifer für Benedikt? – Liebe zu Christus*. Engagiert leben nach der Regel Benedikts, ed: Lucia Wagner, Münsterschwarzach 2003, 17–37.

A. Böckmann, *Gott suchen – konkreter Weg nach der Benediktusregel*, Geist und Leben 76 (2003) 272–286 (überarbeitet).

A. Böckmann, *Die Benediktusregel heute*, Geist und Leben 72 (1999) 352–363.

A. Böckmann, *Gotteserfahrung nach der Regula Benedicti* – Monastische Informationen 1999, 100, 20–28; Erbe und Auftrag 75 (1999) 282–296.

G. Bunge, *Auf den Spuren der heiligen Väter*, Weisungen der Väter, Band 1, Beuron 2010 (2. verbesserte Auflage).

M. Puzicha, *Die Heilige Schrift in der Regel Benedikts*, Weisungen der Väter, Band 7, Beuron 2009.

J. Kaffanke, *Höre, mein Sohn!* Weisungen der Väter, Band 8, Beuron 2009.

A. de Vogüé, *Unter Regel und Abt*, Weisungen der Väter, Band 10, Beuron 2010.

Die Regel des heiligen Benedikt

Eine der bedeutendsten Schriften der christlichen Literatur mit autorisiertem, aktuellem Text in zwei verschiedenen Ausgaben.

Die Regel des heiligen Benedikt – Standardausgabe mit deutschem Text
Format 12 × 18 cm, 144 Seiten
9,90 €, ISBN 978-3-87071-142-9

Die Regel des hl. Benedikt ist weltweit nicht nur Basis für die Lebensgestaltung benediktinischer Gemeinschaften, sondern bietet darüber hinaus vielen Christen Antworten auf die Lebensfragen unserer Zeit.

Die Benediktusregel – lat./dt. Studienausgabe
Format 14,5 × 20,7 cm
19,90 €, ISBN 978-3-87071-141-2

Die Studienausgabe mit lateinisch/deutschem Text bietet neben einer fundierten Einführung auch zusätzlich umfangreiche Quellenhinweise.